Le Modèle
Monade de
Développement

LE MODÈLE MONADE DE DÉVELOPPEMENT

LE DÉVELOPPEMENT DES COMMUNAUTÉS EN AFRIQUE

GUTU KIA ZIMI, PH.D

authorHOUSE®

AuthorHouse™
1663 Liberty Drive
Bloomington, IN 47403
www.authorhouse.com
Phone: 1-800-839-8640

Published by AuthorHouse   03/01/2012

ISBN: 978-1-4685-5799-2 (sc)
ISBN: 978-1-4685-5800-5 (e)

Library of Congress Control Number: 2012904110

TABLE DES MATIERES

DÉDICACE

Je dédie ce livre
à ma femme, à ma famille et
à mes enfants.

PREFACE

Dans l'application de son concept de développement conscient, l'auteur a choisi le « modèle monade de développement ». Pourquoi ce choix ? Dans un monde qui devient un village planétaire, un monde de plus en plus globalisé et globalisant, est-il judicieux de recourir à un modèle de développement qui se fonde sur une « monade » comme structure organisationnelle ? Le thèse soutenue par l'auteur dans ce livre semble ramer à contre courant des idées du monde actuel. Encore une fois, c'est ici que ressort le grand mérite de l'auteur en proposant une innovation qui semble être en contradiction avec la pensée globalisante de la société actuelle. Le modèle que l'auteur propose se rapproche de la nature. En effet, la nature dans sa complexité, aussi en Biologie (étude des organismes vivants) qu'en Ecologie (études des organismes vivants et leur environnement), elle se fonde sur une unité qui est à la fois structurelle et fonctionnelle à savoir, la cellule en biologie et l'écosystème en écologie. La « vie » n'est pas une entité abstraite, elle est toujours reliée à une structure organisée et se manifeste par des fonctions, parfois simples, parfois complexes. Le développement a aussi un caractère à la fois simple et complexe. Comme les êtres vivants ont trois fonctions de base d'auto-conservation, d'auto-régulation et d'auto-reproduction, le développement doit aussi permettre à une société, une communauté de se conserver, se reproduire et s'autoréguler, pour s'épanouir dans l'harmonie et l'équilibre. Comme la nature conserve une diversité biologique, le développement doit aussi permettre à une diversité de sociétés de s'épanouir. Dans la cosmogonie « Kongo », le « *ngudi* » est la base de toute l'organisation de la société, car le clan est composé de trois « *ngudi* » dès l'origine, d'où l'expression : « *Makukua matatu matelekoluanga nzungu, ma mole mbodi mambu* » (Il faut trois pierres au foyer pour chauffer une marmite, deux pierres constituent la fin ou la calamité ou pourriture). En prenant la « *ngudi* » comme structure unitaire de développement de la société, l'auteur touche à la base même de l'organisation de la société de « Ne Kongo », où qu'elle se trouve. Le nombre de clans qu'on peut trouver dans la communauté peut aider à voir les différentes relations qui peuvent être tissées entre eux. Les différentes liaisons monadiques, internes et externes, au sein de la société « Kongo » peuvent permettre, une fois bien exploitées par une politique de conscientisation appropriée, réduire les tensions entre les groupes sociaux. Ces liens monadiques sont considérés comme des forces qui renforcent l'adhésion ou la cohésion au sein des communautés.

Comme la cellule n'empêche pas la formation d'organismes très complexes, la structure monadique « *ngudi* » ne peut pas non plus empêcher la formation de grandes entités au sein de la grande communauté nation ou état. En effet, comme des cellules forment des tissus, les tissus des organes, les organes les systèmes d'organes ou appareils et les appareils les individus pluricellulaires et complexes, les monades *(ngudi)* sont à la base de clans, les clans à la base de tribus, les tribus à la base des ethnies et l'ensemble des ethnies peuvent constituer un état-nation ou une nation-état. Ainsi, le modèle monade de développement, loin d'être un frein pour la cohésion nationale, pourrait être un atout essentiel pour le développement à la base et pour le développement de toute la communauté nationale. Si dans la société Kongo la « *ngudi* » est la monade, on pourrait trouver dans les autres communautés, la structure unitaire de base qui serait considérée comme la « monade » à partir de laquelle peut se construire toute la communauté et son développement. En proposant ce modèle de développement, l'auteur a le grand mérite de s'appuyer sur quelque chose de naturelle, acceptée dans toute la société de « Ne Kongo », et qui pourrait servir d'impulsion à un développement durable, puisque conscient de réalités de la communauté. Une fois accepté les concepts de développement conscient et le modèle monade de développement, le reste peut suivre de soi, c'est-à-dire la politique, les stratégies et les programmes qui constituent des moyens pour atteindre les objectifs de développement de toute la communauté. En effet, comme le dit Antonio Faundez dans son livre : « Le pouvoir de la participation », « l'expérience de l'éducation et du développement est une création et non une imitation. Une éducation conçue comme une création collective et individuelle permanente ne peut qu'aider à transformer une société injuste en une société plus solidaire. Il n'existe pas une conscience critique universelle valable en tout lieu et en tout temps. Toute conscience n'est que la conscience d'un peuple et son vécu, celle d'une communauté, d'une classe, d'une nation, et ils en sont les seuls légataires ». (Antonio Faundez, Pouvoir de la participation, Ed. CVA, Kinshasa, Zaïre, 1991). L'auteur ne s'est pas contenté d'énoncer les concepts, il a cherché comment les appliquer concrètement dans une zone d'étude. Il a eu le grand mérite d'examiner les différentes applications de ce modèle par rapport à l'organisation sociale de la zone rurale de Mbanza-Ngungu, mais aussi par rapport aux autres théories de développement telles que la théorie de pôle de développement et celle du développement endogène.

L'auteur a aussi analysé les facteurs et contraintes de développement spécifiques à la zone d'étude notamment : les facteurs et les contraintes environnementaux, institutionnels, sociaux, économiques, socioculturels liés surtout à l'identité culturelle Ne Kongo. Les éléments de l'enquête ont pu aider à tester les attitudes et les connaissances des habitants vis-à-vis des différents problèmes de la zone d'étude, c'est-à-dire les attitudes et connaissances de la population face aux problèmes de développement de la zone et de sa prise de conscience. Il s'agit des attitudes et connaissances vis-à-vis de problèmes d'environnement, de population, de développement, de la prise de conscience des problèmes, du modèle monade de développement, de la culture Kongo. Les éléments de l'enquête ont permis aussi de voir la répartition des unités monadiques et des clans dans les différents villages enquêtés. A partir de 322 villages enquêtés sur 695 que compte la zone rurale de Mbanza-Ngungu, les résultats de l'enquête permettent d'établir l'existence de 154 clans (*makanda*), 1227 unités monadiques (*ngudi)* et 2.123.532 liaisons possibles entre les monades. Ces données montrent les grandes probabilités qui existent pour que les membres de différents villages aient des relations de famille par naissance (relations monadiques internes ou par alliance (relations monadiques externes). Ces nombreuses possibilités peuvent constituer des atouts majeurs pour conduire des actions de développement en jouant sur ces facteurs de cohésion. Cette étude montre qu'en moyenne, dans chaque village, cohabitent 3 à 4 « *ngudi* » qui ne sont pas nécessairement du même clan (*luvila*), mais qui ont du moins des chances d'avoir des relations monadiques externes (liaisons par alliance). Et partir des liaisons monadiques, il ya moyen de construire donc une politique de développement grâce aux facteurs d'adhésion ou des forces de cohésion existant entre les différents membres de la communauté. Certes, il ne faut pas négliger certaines tensions qui peuvent exister entre clans, pour diverses raisons. Cependant, celles-ci peuvent être aplanies si on joue efficacement et de façon judicieuse sur les différents forces de cohésion découlant des liaisons monadiques et de l'éveil de la conscience. Il n'est certes pas dit, non plus, que tout va marcher selon le modèle théorique proposé, car il ya d'autres pesanteurs qui peuvent freiner l'action. Cependant, par un travail laborieux de psycho-sociologie, il ya moyen de vaincre toutes ces pesanteurs et arriver, au niveau de l'espace Ne Kongo, à appliquer le concept de développement conscient et le modèle monade de développement dans le processus de développement. Ce travail est un effort à la fois individuel et collectif entre l'auteur et le peuple, un dialogue pour apprendre à apprendre.

Pour cela, nous tenons à féliciter l'auteur pour le courage qu'il a eu de proposer un concept et un modèle de développement dans l'espace Ne Kongo en général. Ce modèle de développement peut être appliqué, moyennant les adaptations nécessaires, à d'autres communautés ethniques. Question de voir, quelle est la structure de base qui pourrait être prise comme « unité communautaire de base ou monade » pour cette communauté ou société.

Dr Félicien Lukoki Luyeye
Professeur Ordinaire
Faculté des Sciences (Université de Kinshasa)
Faculté d'Economie et Développement (Université Catholique du Congo)

"Imagination is more important than knowledge"

Albert Einstein

INTRODUCTION

Les modèles de développement les plus souvent appliqués dans nos pays ont des faiblesses, car il s'agit le plus souvent des conceptions d'hommes de science et de dirigeants politiques qui ne tiennent pas compte de certaines réalités vivantes surtout dans les pays en développement. C'est la raison pour laquelle il faut en proposer d'autres. Lorsque nous nous livrons à quelques réflexions sur notre étude, nous réalisons combien il est difficile de réussir une recherche en développement, surtout quand il s'agit de proposer une voie ou un schéma de développement en dehors des positions qui s'écartent des sentiers battus. Le débat théorique dans lequel nous nous engageons, a été très enrichi par plusieurs décennies d'expériences empiriques, qui permettent de mettre à l'épreuve les différents concepts et modèles de développements proposés par différents théoriciens du développement. Cela explique l'intérêt, pensons-nous, de la présente étude, qui s'inscrit dans la recherche des voies et du modèle de développement en proposant de nouvelles approches théoriques. Il y a lieu de noter aussi que les concepts et la pratique du développement ont révélé leurs faiblesses[1]. On reconnaît que la grande partie des communautés, tant au niveau du pays qu'au niveau local, n'atteint pas le niveau de satisfaction élémentaire de ses besoins essentiels. Il faudrait donc reconsidérer les théories et les concepts, les politiques et les stratégies de développement à travers des

---

[1] R. M. MBAYA, Crise de la connaissance et sous-développement en RDC. Nécessité de la conscientisation pour le développement, Kinshasa, Ed.Universitaires Africaines, Kinshasa, 2009, p.53.

approfondissements, des éclaircissements et des révisions déchirantes[2]. Il n'existe pas de remède instantané au problème de développement[3]. *« C'est pourquoi, depuis des années, aussi bien au niveau local qu'au niveau international, on recherche de nouvelles voies et approches du développement. Les recherches en question tiennent à l'importance donnée à l'économisme, au productivisme et au technicisme au détriment des véritables besoins de l'homme, de la société, des aspirations des peuples et surtout de la culture »*[4].

Selon Mbaya Mudimba, aucun modèle de développement n'est ni universel ni universalisable. L'auteur fait remarquer que « *Tenu à Copenhague (au Danemark) du 6 au 12 mars 1995 pour rechercher les politiques et les moyens susceptibles de combattre la pauvreté dans le monde, le Sommet Mondial pour le Développement Social a pris une résolution stipulant que les pays africains doivent disposer, chacun, d'une politique spéciale de développement social et économique* »[5]. Chaque pays doit trouver par lui-même sa propre voie[6]. Nous pouvons souligner ici le rôle et l'importance de l'imagination dans la recherche des voies et moyens dans le processus de développement. Comme le dit André Breton, «*Perhaps the imagination is on the verge of recovering its rights* »[7]. Basée sur le modèle monade de développement, notre conception du développement propose un processus de développement pensé, conçu et à exécuter au niveau de la base, c'est-à-dire au niveau de l'unité communautaire de base (monade), de la communauté familiale, clanique, tribale et ethno-géographique, qui doit s'insérer dans un plan

---

[2] C.T. HUYNH, Introduction générale dans « Participer au Développement », Unesco, 1984, p.12.

[3] J. D.WOLFENSOHN, op.cit., p.5.

[4] R. M. MBAYA, op.cit., p.53.

[5] R. M. MBAYA, op.cit., p.13.

[6] J. M. ALBERTINI, Les mécanismes du sous-développement, Ed. Ouvrières, Paris, 1967, p.6.

[7] A. Breton cité par D. J. FARMER: To Kill the King. Post-traditional Governance and Bureaucracy, Ed. M.E. Sharpe, New York, 2005, p.15.

global de développement de chaque pays, ce dernier ne constituant qu'un assemblage de diverses communautés dans un espace ethno-géographique, tribal, clanique et familial déterminé. Pour se développer réellement, les pays en développement, doivent réfléchir sur la spécificité de leurs situations individuelles complexes qui rend très problématique, voire impossible, la reproduction du chemin naguère parcouru par les pays industrialisés et tirer toutes les leçons des impasses auxquelles aboutissent ces derniers, pour s'engager dans la recherche des modèles de développement qualitativement différents[8] et mieux adaptés à leurs spécificités comme le soutient le modèle monade de développement, car, il ne faut pas oublier que les problèmes de développement se posent et sont perçus différemment dans chaque contexte culturel, ethnique, tribal, politique, économique et social. Le développement lui-même est une réalité « socio » logique, car ce qui est accepté dans une communauté donnée peut être refusée dans une autre. En d'autres termes, nous ne devons pas commettre l'erreur de copier servilement le chemin emprunté par les autres pays industrialisés ou non, mais plutôt de nous inspirer de ce qui est adaptable à nos situations et de bâtir notre propre chemin.

Plusieurs arguments le confirment, en l'occurence la théorie du développement économique et de la modernisation qui soutient l'idée que dans un pays en développement, les secteurs traditionnels finissent par être absorbés par le secteur moderne; mais la réalité des pays d'Afrique sub-saharienne et de beaucoup d'autres pays en développement montre que ce processus ou théorie ne se vérifie que dans une mesure limitée[9]. Le processus de développement étant lui-même une exigence et une nécessité

---

[8] I. SACHS, « Développement ou maldéveloppement ? Plaidoyer pour une économie qualitative », dans Science économique et développement endogène (ouvrage collectif), Unesco, Paris, 1986, p. 57.

[9] S. MARYSSE et T. DE HERDT, L'économie informelle au Zaïre, L'harmattan, Paris, 1996, p.13.

continuelle, nous disons que même ces pays qualifiés aujourd'hui de développés sont toujours en développement. L'expérience montre non seulement que les pays industrialisés imposent aux pays en développement des modèles de développement correspondant à leurs intérêts, mais aussi que, dans les pays en développement, les dirigeants politiques adoptent des modèles de développement qui ne répondent pas toujours aux besoins et aspirations de leurs communautés. Dans le cas de notre continent, l'Afrique est comme cette esclave de laboratoire sur laquelle on fait tous les essais pour voir lesquels sont concluants. Malheureusement pour elle, ces essais sont plus des échecs que des réussites. Abandonnées à elles mêmes, les populations cherchent des stratégies de vie ou de survie pour se mettre à l'abri de la misère programmée. Hélas, ces stratégies souvent déconnectées de politiques nationales n'engendrent dans la plupart des cas que déception[10]. C'est dans ce cadre que J.Kizerbo recommande : « *Il faut réaliser une opération mentale individuelle d'abord, collective ensuite, et se dire : je suis le centre de moi-même. Comme disent les africains ; on ne peut pas coiffer quelqu'un en son absence. Ceci veut dire que personne ne peut se substituer à moi-même, sauf si je me laisse faire* ». Pendant plus de 50 ans, les bailleurs de fonds de l'occident se sont substitués aux africains pour penser et planifier leur développement. Selon un adage africain : « *Quiconque dort sur la natte d'autrui doit se considérer comme dormant à terre* » dans la mesure où le propriétaire de la natte à tout moment peut lui retirer sa natte. Nous devons être le centre de nous-mêmes plutôt que la périphérie des autres[11].

Selon Issaka Herman Traoré, l'Afrique a confié son développement à autrui, particulièrement à l'Occident. Toutes les théories de développement

---

[10] LUKOKI LUYEYE F., Vivre et survivre à Kinshasa. Problématique du développement humain, Collection Afrique et Développement 19, FED/FCK, 2004, p.8.

[11] J. KI-ZERBO, op.cit., p.183.

expérimentées en Afrique nous viennent de l'extérieur, surtout de l'Occident. Est ce qu'ils n'existent pas de penseurs du développement, c'est-à-dire des sciences sociales en Afrique ? Pourquoi alors ces derniers ne produisent pas des théories endogènes qui reflètent les aspirations et les réalités des populations africaines afin que ces dernières s'en approprient pour accroître leurs moyens d'existence pour avoir de meilleures conditions de vie. Cela s'expliquerait doublement : le lavage de cerveau auquel les africains ont été soumis depuis les siècles a donné naissance à un complexe d'infériorité. Ce complexe se manifeste individuellement dans la profondeur de l'âme même de l'africain, mais aussi et surtout le rejet de tout ce qui est produit par un africain. Les autres estimant que cette production ne peut être bonne, car venant du terroir. De nos jours, les intellectuels africains même quand ils sont convaincus, que les concepts « relookés » des bailleurs de fonds sont du déjà vus et connus, préfèrent suivre la marche, au lieu de produire des théories et des preuves alternatives qui puissent battre en brèche certaines théories. Les quelques intellectuels qui s'y hasardent sont muselés administrativement, professionnellement, économiquement, académiquement, comme ce fût le cas de Cheik Anta Diop, Kwame Nkrumah avec le pan-africanisme, Senghor avec la négritude, Mobutu avec la politique de l'authenticité, Ki-Zerbo, etc. dont les théories n'ont jamais guère dépassé les cercles d'une certaine élite africaine, contrairement, à leurs contemporains d'Amérique latine, tels que Paulo Freire avec sa théorie de la conscientisation qui a porté fruit ou Escobar avec sa théorie de la dépendance et de la déconstruction du développement.[12] Chacun de ces hommes africains a proposé des alternatives qui pouvaient sortir l'Afrique de son état d'éternel léthargie, mais parce qu'ils étaient isolés, l'impérialisme et le néocolonialisme a eu raison de chacun d'eux. Ces théories de développement des bailleurs de fonds étaient dans leur grande partie inappropriées au continent, mieux

---

[12]   I. H.TRAORE, les alternatives africaines aux théories de développement des bailleurs de fonds, www.etrangerencontre.org, p.9.

il ne servaient qu'à mieux assujettir les africains pour mieux les exploiter, tout en refusant dans le même temps de prendre en compte les alternatives africaines à leurs théories trompeuses et pompeuses.

Ces théories de développement n'ont apporté sur le continent que misère, désolation et acculturation.[13] Selon M. Nzanda Buana, les pays d'Afrique subsaharienne accusent un retard par rapport à d'autres nations de la planète en matière de développement. Ce retard s'explique par le fait que les théories appliquées en Afrique noire sont inapproppriées. D'où la nécessité d'inventer une manière de théoriser les économies africaines et leur trouver des stratégies réellement progressistes[14]. Qu'à cela ne tienne, pourquoi les africains eux-mêmes persistent-ils de demeurer dans cet état fœtal permanent au lieu de dire non à cet assujetissement ? La réponse est dans l'éducation et l'éveil de la conscience des communautés comme le propose le développement conscient.

Le modèle monade de développement et le développement conscient est une contribution à cette prise de conscience dans la formulation des théories alternatives de développement d'une approche endogène basée sur la culture et l'environnement socio-économique de nos communautés, plus particulièrement la communauté Nekongo de la zone rurale de Mbanza-Ngungu, dans la province du Bas-Congo.

---

[13] I. H.TRAORE, op.cit., p.11.

[14] M. NZANDA BUANA, L'économie politique de l'Afrique Subsaharienne. Approche historique et théorique. Thèse de doctorat en économie, Faculté des Sciences Economiques, Université de Kinshasa, Septembre 2007, cité par A. TSHIAMBI in « M. NZANDA BUANA préconise l'adaptation des théories économiques aux réalités africaines, www.lepotentiel.com/afficher_article.php, édition 4185 du 23 novembre 2007.

CHAPITRE I

LE MODELE MONADE DE DEVELOPPEMENT

Le modèle monade de développement est étudié sous les aspects suivants : les fondements, les concepts opératoires, les caractéristiques, les objectifs, l'approche, l'application, le pouvoir organisationnel, ainsi que les spécificités socioculturelles.

1.1. LES FONDEMENTS

Le modèle de développement que nous proposons dans le cadre de la zone rurale de Mbanza-Ngungu en tant que zone de développement, est dit « Modèle monade de développement ». Le terme « monade » (bas lat. monas, -adis; du gr.monas, -ados, de monos, seul) signifie « unité »[1]. C'est dans son assertion « unité » que nous l'utilisons pour définir notre modèle de développement. Pour rappel, le concept de monade, introduit par le grand mathématicien, logicien et philosophe Gottfried Wilhelm von Leibniz[2]

---

[1]   Chez LEIBNIZ, monade, « substance simple, c'est-à-dire sans partie, qui entre dans les composés « (La Monadologie ». Grand Dictionnaire Encyclopédique Larousse, Tome 7, Paris, 1984, p.7034.

[2]   Dictionnaire LAROUSSE, op.cit, p.7034.

est d'une argumentation à la fois philosophique, physique, mathématique, économique, musicale, psychique, informatique et urbanistique.

1.2. LES CONCEPTS OPERATOIRES

Les concepts opératoires du modèle monade de développement sont ceux-ci : l'unité communautaire de base ; les liaisons monadiques et l'unité des communautés.

1.2.1. L'UNITE COMMUNAUTAIRE DE BASE

Nous définissons la monade comme l'unité communautaire de base. La structure unitaire de développement (monade) est une communauté de base, « *ngudi* »[3]. Cette dernière (monade) peut constituer aussi l'unité de base de l'activité économique. Une « *Ngudi* », unité communautaire de base, est intégrée dans d'autres structures de développement (communautés) comme la famille (*wuta*), le clan (*kanda),* la tribu et l'ethnie. Ainsi donc, les villages comme espaces et supports géo-physiques des unités monadiques (*zingudi*) sont des centres de développement et aussi, « des centres de forces soumis à leur seule activité et donc aussi capables d'un développement intérieur » ou endogène. La monade « *ngudi* » peut être comparée en biologie à une cellule, unité fonctionnelle, morphologique et physiologique de base pour tout être vivant ; de même la monade peut être considérée comme l'unité communautaire de base de tout processus de développement.

De ce fait, le modèle monade de développement se veut de promouvoir le processus de développement à partir de l'unité communautaire de

---

[3]   Ngudi entendue dans le sens strict de la structure sociale et familiale Ne Kongo.

base, en l'occurrence une « *ngudi* », une « *wuta* » ou un clan[4], suivant les spécificités des espaces des ensembles géo-familiaux (*zingudi, mawuta*), claniques, tribaux et ethniques. Les monades doivent s'assembler avec d'autres communautés en vue d'obtenir leur participation et leur adhésion pour réussir leur développement. En d'autres termes, la monade, l'unité communautaire de base, se trouve intégrée dans d'autres communautés pour former des communautés plus grandes et plus vastes, exactement de la même manière que la cellule, unité fonctionnelle de base de tout être vivant, forme avec d'autres cellules des structures de vie (ensembles) de plus en plus complexes.

1.2.2. LES LIAISONS MONADIQUES ET L'UNITE DES COMMUNAUTES

Les liaisons monadiques, à l'image des « *nsinga mia nkalu* » (tiges de calebasse), sont des relations hiérarchisées, structurées, entrelacées qui s'entrecroisent. Une communauté quelconque, familiale, clanique, tribale ou ethnique est comparable à un champ de courges dont les connexions sont aussi complexes comme dans d'autres structures sociales. Deux types de liaisons monadiques peuvent être distingués:

a) **Les liaisons monadiques internes.**

On en distingue deux:

-   La liaison « *kimpangi* » ou lien de fraternité: relations entre frères et soeurs et entre les membres d'une même « *ngudi* » (au pluriel « *zingud*i ») ou « *wuta* » (au pluriel « *mawuta* »).

---

[4] Nous précisons que la monade n'est pas une notion qui peut intégrer la tribu, même l'ethnie, encore moins la nation-Etat, sauf par extension.

- La liaison « *kibuti* » (chez les « bantandu »), ou « *gutu* » (chez les « bandibu »), ou encore « *wutu* » (chez les « besingombe »): il s'agit des relations entre les membres d'un même clan. Par exemple, tous les « *Nlaza* » ne peuvent pas se marier entre eux parce qu'ils sont des « *bibuti* » ou « *gutu* ».

b) Les liaisons monadiques externes.

On en distingue également deux: les « *mafundu* » et les « *mazimi* ».

- Les « *Mafundu* » (au singulier « *Fundu* »): Les « *mafundu* » caractérisent les divers engagements matériels ou financiers du clan vis-à-vis d'autres clans. Il peut s'agir des liens d'entraide avec les autres clans. En effet, lors des événements heureux comme le mariage, « *nkinzi* » (grande fête) ou malheureux comme le décès, maladie etc., les membres des autres clans peuvent apporter des contributions soit en nature par exemple la nourriture, chèvre, etc. ; en espèces ou en services comme la participation à la préparation de la nouriture, recherche du bois de feu, de l'eau à la rivière etc.). Ces « *mafundu* » sont réciproques et quand un membre d'un autre clan est concerné, les membres du clan qui ont eu à bénéficier de la collaboration du clan concerné sont aussi obligés d'apporter leur contribution. Il existe dans chaque clan un livre « *nkanda mafundu* » tenu par le chef du clan qui note les contributions des membres du clan vis-à-vis des autres membres extérieurs au clan et réciproquement.

Il s'agit d'une sorte de « comptabilité » ou d'aide-mémoire qui enregistre les obligations et autres engagements du clan vis-à-vis des autres clans lors des divers événements. Ces « *mafundu* » peuvent aussi s'agir des dettes nocturnes (*mfuka za kindoki*) liées à la sorcellerie (*kindoki)*, car il est connu que les sorciers entretiennent aussi des liaisons nocturnes avec d'autres clans, ce que nous pouvons qualifier des « liaisons monadiques nocturnes ».

- Les « *Mazimi* » (au singulier « *Zimi* »): Les liaisons monadiques « *mazimi* » constituent l'ensemble des liens qu'entretiennent les communautés familiales et claniques avec d'autres communautés familiales et claniques. Il s'agit de différentes liaisons monadiques comme « *kitata* » (paternité), « *kiyaya* » *(grand-parents)*, « *kingudi* » *(maternité)*, « *kinkuezi* » (beau-frère ou belle-fille), « *kintekolo* » (petit- fils,arrière-petit-fils), « *kimuana guta* » *ou* « *wuta* » (filiation), « *kinzitu* » (belle-mère ou beau-fils), « *kimpangi* » (fraternité), « *kinkazi* » (oncle ou tante), « *kinleke* » (petit-frère ou petite-soeur), « *kimbuta* » (aîné), « *kinkaka* » (petit-fils ou petite-fille), etc.

A titre d'exemple, quand un membre du clan « *Mpanzu* » contracte un lien de mariage avec un membre du clan « *Nlaza* », il se crée un lien *(zimi)* entre les membres de ces deux clans. La conséquence de ces « *mazimi* » fait en sorte que le clan reste une communauté non isolée et constitue une structure toujours soudée; d'où l'expression « *nsinga kanda ningana wuningananga kansi ka wutabuka ko* », ce qui signifie « *le fil (corde) de la famille ou du clan peut s'affaiblir mais ne peut jamais se couper* ». Certaines de ces liaisons monadiques comme le « *kitata* » et le « *kimuana* » sont si fortes qu'elles sont qualifiées d'indissolubles. Ce proverbe en témoigne : « *mbote vo wa sumbua kuaku ke wa wutua* » *(mieux vaut être esclave qu'être mis au monde)*, ce qui signifie qu'un esclave peut un jour se libérer, s'affranchir mais quand on est mis au monde, il est impossible de casser ou de couper ce lien de filiation. Cela est si profond qu'il y a une grande différence entre la conception de la famille en Occident et en Afrique. Si les liens familiaux dans la société occidentale sont dilués, en Afrique par contre, ils sont très forts. En Afrique, la réussite de l'individu est un succès de sa famille d'abord, et de sa communauté ensuite; en Occident, la réussite est avant tout individuelle.

Les différents liens sociaux (*mazimi*) qui forment les liaisons monadiques s'étendent du côté de la mère et du côté du père ainsi qu'à tous leurs ascendants « *Nkaka* » (grands-parents), « *batekolo* » (petits-fils), à leurs frères (*Ngudi zi nkazi*), et soeurs (*Ngudi zi nsakila*) du côté maternel. A cela s'ajoute le « *Kitata* », le « *Kinzadi* » (parenté par alliance entre la femme et les frères et soeurs du mari), le « *Kizitu* » (belle famille), etc., du côté paternel. Cette immense parenté (*mazimi*) et le jeu d'alliances qu'elle entraîne déterminent l'ensemble de la structure monadique consolidée par d'autres liaisons monadiques, comme le « *Kimpangi* » (fraternité), le « *kibuti* » (claniques), le « *kikundi* » (amitié) etc. Le cercle de parenté, que nous considérons comme structure de liaison monadique de développement, est immense et c'est grâce à cette immense structure des liaisons monadiques (*mazimi*) que tous les membres de la communauté concernée se disent frères. Il en est de même des Bakongo (communauté ethnique) qui se disent tous frères parce qu'ils sont censés être unis et provenir d'une même descendance depuis le « *ntuka Kongo* » (l'histoire qui retrace l'origine des Ne Kongo). La devise de l'ABAKO (Alliance des Bakongo) « *mika mia mbua lekela kumosi sikamena kumosi* » (les *poils du chien qui dorment et se réveillent ensemble*) illustre bien cette unité ethnique et communautaire.

1.3. <u>LES CARACTERISTIQUES</u>

Nous soutenons qu'au lieu de continuer d'envisager le développement en se souciant du rattrapage de l'écart de développement par rapport aux autres, il faudrait plutôt inscrire à l'ordre du jour la question du choix des voies et moyens originaux susceptibles de nous conduire au développement. Il est entendu que continuer de se référer aux modèles de développement des autres sociétés, c'est vouloir emprunter les yeux d'autrui, or « *(...) celui qui te prête des yeux t'indiquera la direction à regarder* » (proverbe Wolof), qui n'est pas toujours celle que l'on désire ou que l'on a choisi. Le moment est donc venu, dans nos pays, de refuser de marcher aveuglement sur les traces d'autres pays, développés ou en voie de développement, et de réfléchir à une autre voie possible, car les problèmes de développement se posent avant tout localement avant qu'ils aient une dimension nationale, régionale ou transrégionale.

Le processus de développement, dont on doit choisir le schéma (voie), est constamment en relation avec les conditions politiques, environnementales, religieuses, économiques et sociales qui caractérisent les formations sociales et l'émergence des communautés. Cette relation constante a pour conséquence fondamentale le fait que l'évolution d'un modèle de développement dans un système politique, religieux, économique ou social donné, à quelque niveau que ce soit, ne peut jamais constituer un modèle pour un autre système politique, religieux, économique et social. Par ailleurs, loin d'être uniformes et homogènes, les relations humaines et sociales, la culture, les vies économique, sociale, politique et religieuse, qui caractérisent les communautés d'un même pays, ont des traits particuliers qui en font la coloration et la différence (l'unité dans la diversité). Il est donc inadéquat et dangereux d'apporter des solutions toutes faites à des problèmes de développement des communautés, qui sont parfois semblables mais jamais identiques[5]. « *A civilisation is, according to Dawson, the product of a particular original process of cultural creativity which is the work of a particular people, while for Durkheim and Mauss, it is a kind of moral milieu encompassing a certain number of nations, each national*

---

[5]   M. NORRO, Le rôle du temps dans l'intégration économique, Ed. Nauwelaerts, Louvain, 1962, p. 82.

culture being only a particular form of the whole »[6]. La diversité des cultures implique une diversité des solutions aux problèmes de développement. A l'intérieur d'un même pays, les régions (espaces géo-physiques) ont des spécificités culturelles différentes. Par conséquent, chaque région devrait avoir un modèle de développement approprié : « Le modèle monade de développement ». Ce modèle, qui tient compte de l'espace géo-ethnique, tribal, clanique et familial nécessite *un système de connaissances typiques d'une culture ainsi que des pratiques organisées de la vie quotidienne*. Il a l'avantage de prendre en compte les civilisations, les traditions, les us et coutumes, les cultures et les habitudes de chaque communauté ethnique, tribale ou clanique et familiale, qui devient ainsi une région ou sous-région, une zone ou sous-zone de développement, cellule ou sous-cellule de développement, un pays constituant un ensemble de régions de développement économique dont la programmation tient compte des spécificités culturelles.

Comme Donella Meadows nous le dit, « *There is no reason for a sustainable society to be uniform. As in nature, diversity in a human society would be both a cause of and a result of sustainability. Some people who have thought about sustainability envision it as largely decentralized, with localities relying more on their local resources and less on international trade* »[7]. Selon le modèle monade de développement, le développement apparaît comme un processus de complémentarité dans la mesure où il tient compte de la complémentarité des différentes communautés dans l'espace et dans le temps. Comme Lewis nous le dit, « *Societies do not become rich simply by preserving and growing their capital. They become rich by cooperating. The more cooperation, the more potential to preserve, invest and grow capital* »[8].

---

[6] S.P. HUNTINGTON, The Clash of Civilizations and the Remaking of World Order, Ed.A Touchstone Book, New York, 1997, p.41.

[7] D. MEADOWS and All, op.cit., p.258.

[8] H. LEWIS, Are the Rich Necessary. Great Economc Arguments and How they Reflect our Personal Values, Ed.Axios Press, New York, 2007, p.4.

En Afrique, la conception du processus de développement au niveau national et local présente des faiblesses d'autant plus que dans la plupart des pays africains, le concept nation n'est pas encore bien ancré dans les esprits. L'appartenance à une nation est une réalité encore vague; par contre, le point d'attache de base de l'africain en général est avant tout sa famille au sens large, ensuite son lignage, son clan, sa tribu et son ethnie. Avant de penser nation, l'africain pense d'abord famille, lignage, clan, tribu et ethnie. Avant de penser pays, l'africain pense d'abord, village, secteur, territoire, province... Puisqu'il s'agit là d'une réalité sociologique et culturelle fondamentale, nous pensons qu'il convient de faire asseoir le processus de développement sur cette base, à partir des communautés familiales, claniques, tribales ou ethniques sous forme d'une mosaïque afin d'aboutir à un ensemble socio-politico-économique qu'est le pays qui, en fait, ne représente qu'un espace physique sur lequel reposent et où sont installées les communautés familiales, claniques, tribales et ethniques. Dans ces communautés, la participation et l'adhésion des membres au développement seraient mieux comprise parce que partageant les mêmes intérêts et les mêmes réalités socio-culturelles, éléments importants du développement. Dans la culture Nekongo, des expressions comme «*Tunga kanda* » (construire/bâtir le clan), « *Kimvuama kia kanda* » (richesse du clan) et « *Tomesa kanda* » (développer le clan) expriment mieux cette volonté de promouvoir le clan, la famille suivant le modèle monade de développement.

Du point de vue de la dynamique du développement, le modèle monade de développement épouse aussi la forme étatique et l'organisation politico-administrative comme le fédéralisme et la décentralisation. En effet, comme les professeurs Nekongo l'ont déclaré : *le concept nation, n'est au fond qu'une nation juridique opposée à la nation sociologique. La cohésion sociale dont le pays a besoin pour se développer fera défaut, à moins d'adopter une forme étatique qui permette le respect de la diversité culturelle, ethnique et régionale. L'unité n'est réelle et forte que si elle est fondée sur l'impératif du déploiement des libertés individuelles et de la diversité culturelle à partir de l'espace de vie le plus petit, et elle n'est effective que si elle monte progressivement, de façon concentrique, du village vers l'Etat-Nation, en passant soit par toutes les entités intermédiaires que sont le groupement, la collectivité, le territoire, le district et la province, soit par l'unité communautaire de base comme la famille, le clan, la tribu et l'ethnie*[9]. Notre enquête indique que 90,1% des sujets ont exprimé leur désir de s'associer d'abord avec les membres du clan et 80,2% ont exprimé que le village est la première structure (espace) du pays à développer. **« Si les villages se développent, le pays aussi va se développer »**. Cela rejoint en quelque sorte, la théorie de la révolution du président Mao qui enseignait de conquérir d'abord les petites villes ou entités vers les grandes entités. En Afrique, en général, et en RDC, en particulier, quand on accède à une fonction politique ou autre, la tendance générale est de viser d'abord les intérêts de sa famille, de sa tribu ou de son ethnie, ce que nous qualifions de tribalisme ou de régionalisme. L'organisation politico-administrative fédérale de notre pays confirme cette tendance, *car la forme unitaire ne permet point à un pays aux vastes étendues d'être compétitif, de déployer le maximum de ses ressources créatrices, de se développer rapidement. En plus, le pouvoir central étant le seul centre d'impulsion, l'unitarisme étouffe les initiatives locales et freine, de ce fait, le développement et la maturation politique des communautés*[10]. Mais lorsque l'espace ethno-géographique est considéré comme une région ou une zone de développement, il y a un avantage à mener et à réussir un processus de développement en profitant de l'unité socio-culturelle pour faire asseoir une programmation d'actions de développement qui répond aux aspirations et aux attentes spécifiques des populations et des communautés ethniques ou tribales considérées.

---

[9] Le fédéralisme: Forme d'Etat appropriée à la RDC. Déclaration des professeurs Kongo, document inédit remis au chef de l'Etat le 7 avril 2005.
[10] Déclaration des professeurs Nekongo, ibid.

Cela est d'autant plus vrai que « *Les conceptions et les modèles de développement sont fonction des structures de la société considérée, des catégories sociales qui composent cette société, des intérêts et du dynamisme de ces catégories sociales* »[11], car en dépit du langage courant, ce qu'il s'agit de développer, ce ne sont pas des pays ou des territoires, ni des économies, ... mais avant tout des peuples, des communautés d'hommes[12]. Leur action, leur comportement, leur mentalité varient d'une communauté à l'autre, d'un individu à l'autre, d'une région à l'autre, de son milieu social et de son environnement. Il ne s'agit pas de tribalisme ou de régionalisme mais plutôt d'un support important, à savoir le bénéfice d'une réalité socio-culturelle dans un espace géo-physique où est localisée la communauté familiale, clanique, tribale et ethnique. Etant donné que chaque individu appartient à plusieurs groupes à la fois (tels que sa famille, son clan, sa tribu, son ethnie), ces groupes lui communiquent des conceptions spécifiques concernant le but et les valeurs à poursuivre dans la vie, les normes à respecter, les conceptions qui influencent notamment son activité socio-économique. Toutes ces valeurs font partie intégrante du système socio-culturel qui régit nos communautés respectives.[13] Pour Etounga Manguelle, « *culture is the mother; institutions are the children* »[14]. Malheureusement, comme l'écrit S. Kayembe-Nkokesha, « *... dans le contexte politique actuel, le terme tribalisme apparaît non sans raison comme un mot sale. L'acception péjorative a pris le dessus sur le sens pur et fait aujourd'hui obstacle à une analyse critique de ce concept. Et le tribalisme peut être ainsi défini comme une attitude négative*

---

[11]   R. M. MBAYA, op. cit., p. 55.

[12]   A. DE SORAS, La conception chrétienne du développement, dans « Montée des peuples dans la communauté humaine, p. 129 cité par J. SEGHERS, op. cit. p. 123.

[13]   GUTU KIA ZIMI, La paix et le développement au Congo et en Afrique Centrale in Le défis de la nouvelle république démocratique du Congo, Coll. Afrique et Développement 14, FCK, 2003, p.127.

[14]   E. MANGUELLE cité par B.MILLER and J.D.TORR : Developping Nations, Op.cit., p.161.

qui crée, dans un milieu social donné, des sentiments d'aversion, d'intolérance et d'exclusion entre les membres de deux ou plusieurs communautés claniques ou tribales différentes »[15].

Pourtant, l'auteur affirme ce qui suit, « *Le tribalisme est entendu comme une conscience d'être un même peuple, une même communauté qui se reconnaît comme telle avec ses valeurs propres. Cela donne, avec le temps, le relief d'un groupe homogène qui, en dépit de quelques particularismes, a en référence un patrimoine culturel et historique commun. L'exaltation des valeurs du groupe, son modèle idéologique et culturel, son système socio-économique et politique par exemple, les préoccupations d'auto-défense du groupe, le besoin de puissance et de gloire... renforcent l'unité* »[16].

1.4. **LES OBJECTIFS**

L'objectif principal du modèle monade de développement, c'est d'appuyer le développement conscient. La question est de savoir comment s'effectue cet appui. Le modèle monade de développement définit les spécificités socioculturelles sur lesquelles s'appuie le développement conscient. Pour notre zone d'étude, la zone rurale de Mbanza-Ngungu, il s'agit des spécificités culturelles telles que l'organisation sociale, l'éducation traditionnelle, le droit coutumier, la propriété de la terre, les us et coutumes, l'habitat, la langue, la culture, la monade comme unité communautaire de base, les liaisons monadiques entre clans. Ces spécificités culturelles permettent de percevoir l'unité dans la diversité, la cohésion dans la disparité et la cohérence dans la contradiction. L'unité, la cohésion et la cohérence constituent donc le point de départ du modèle monade de développement.

---

[15]   S. N. KAYEMBE.,Le défi de l'Ethno-Démocratie. Ethnie, Tribalisme et démocratisation au Congo. Ed. L'observatoire, Kinshasa, 2000, p. 24.

[16]   S. N. KAYEMBE, op.cit., p.24.

Les spécificités socioculturelles qu'elles caractérisent sont un ensemble de savoirs (savoir-faire, savoir-être, savoir-vivre, savoir-palabrer, etc.) dont on peut se servir pour former, par l'éducation, la conscience collective cohérente, qui est le facteur déterminant du développement conscient. La population n'apparaît donc plus comme une entité sans identité culturelle, c'est-à-dire une entité quelconque, hétéroclite, en perdition, sans repères ni savoirs. Au contraire, la population se compose de monades ou d'entités communautaires de base. Ces unités peuvent être sensibilisées et mobilisées pour et autour des objectifs pertinents de développement qu'elles auront été amenées à se choisir de manière libre et consciente. Le modèle monade de développement comporte ainsi des objectifs secondaires ci-après :

1. Délimiter l'aire et l'objet de l'étude des facteurs et contraintes de développement dans la zone de développement. Le modèle monade de développement délimite l'aire et l'objet d'une étude adéquate de facteurs et contraintes de développement d'une population cible. Une population constituée comme une unité communautaire de base a des ressources (terres, forêts, cours d'eau, etc.) dont elle est propriétaire et des problèmes de développement qui lui sont propres ou inhérents. Le développement conscient, qui cherche à tirer un meilleur parti des facteurs et contraintes de développement, peut donc facilement amener une telle population à prendre conscience de ses potentialités et problèmes de développement afin de forger une conscience collective cohérente par l'éducation.

2. Contextualiser les enquêtes sur la population de la zone de développement et, partant, la description, l'analyse et l'interprétation des résultats obtenus. Le modèle monade de développement contextualise le profil psychologique que les enquêtes dressent de la population cible dans le domaine du développement. En effet, une population fonctionnant comme une unité communautaire

de base a des attitudes et des connaissances qui lui sont propres ou inhérentes face aux problèmes d'environnement, d'économie, de population, de prise de conscience, etc. Le développement conscient met ces attitudes et connaissances en évidence ou en perspective et les exploite en vue de former une conscience collective cohérente par l'éducation.

3. Orienter la politique, les stratégies et les actions de développement dans la zone de développement. Le modèle monade de développement oriente la politique, les stratégies et les actions de développement dans le sens voulu ou souhaité par la population cible. Une population comprise comme unité communautaire de base a des problèmes de développement spécifiques. Grâce au développement conscient, elle attend de ces problèmes des solutions (Politique/Plan) auxquelles elle adhère sans équivoque ; des solutions qu'elle entend voir passer dans la réalité d'une manière (Stratégie/Programme) qui l'engage collectivement ; des solutions dont la mise en œuvre doit déboucher sur un résultat (Action/ Projet) qui contribue à l'accroissement qualitatif et quantitatif de son bien-être.

Le développement conscient forme la conscience collective cohérente d'une telle population par l'éducation et l'amène donc plus facilement à participer au schéma de résolution des problèmes de développement. En définitive, le modèle monade de développement et le développement conscient vont de pair et offrent une nouvelle orientation au développement qui met ensemble et de manière originale une population donnée (celle de la zone rurale de Mbanza-Ngungu), ses ressources et son environnement.

1.5. L'APPROCHE

Les auteurs tels que Barel, Silvern et Kaufman préconisent l'utilisation d'un modèle théorique de départ non plus simplement en vue d'une connaissance, mais aussi en vue de la conception d'actions nouvelles et des systèmes nouveaux. Le modèle retenu sert alors à une démarche décisionnelle[17]. Dans notre cas, le modèle monade de développement constitue un cadre de décision et une démarche susceptible de promouvoir le développement conscient dans la zone rurale de Mbanza-Ngungu d'abord et ensuite dans l'espace géo-culturel Kongo. Cette démarche décisionnelle peut aussi être proposée dans d'autres espaces géo-culturels du pays et d'ailleurs à condition que des adaptations à leurs réalités spécifiques y soient envisagées. Comme l'étude le souligne, les problèmes de développement se posent et sont perçus différemment dans chaque contexte local culturel, religieux, politique, économique et social. Ainsi, « *chaque société devrait imaginer et trouver son type ou son style de développement conformément aux caractéristiques de sa culture et de son milieu naturel* »[18]. Il faut aussi ajouter que dans un même pays, les différences de cultures et de systèmes de valeurs entre différentes communautés, qui ne coïncident pas toujours avec les objectifs du développement, contribuent quelques fois à créer des écarts entre ces communautés. On se souviendra que dans certaines communautés ethniques ou tribales de notre pays, le vol ou la corruption est apprécié différemment.

Il en est de même de l'adultère, de la prostitution, du mariage, de l'effort au travail[19]. Contrairement à l'Occident, en Afrique, la mentalité voudrait

---

[17] J. BERBAUM, Etude systémique des actions de formation, PUF, Paris, 1982, p. 54, cité par M.BONAMI et All, Managements des systèmes complexes, DeBoeck Université, Bruxelles, 1993, p.68.

[18] R. M. MBAYA, op. cit., p.54.

[19] Dans notre mentalité, quelqu'un qui accède à une fonction politique ou publique importante doit s'enrichir. Si à la fin de son mandat, il se retrouve

que les hommes politiques soient riches et qu'ils vivent aisément avec leurs familles, et cela même après leur départ du pouvoir. On voit bien des fois les gens se moquer des anciens hommes politiques dont les enfants prennent le taxi ou sont soumis à la vie ordinaire de tous les citoyens. Cela conduit les dirigeants politiques à remplir leurs poches et souvent à confondre la caisse de l'Etat et leur richesse personnelle[20]. Dans certaines communautés ethniques ou tribales, le jeune homme doit s'illustrer par un acte de bravoure comme, par exemple, le vol d'une chèvre pour confirmer son passage à l'âge adulte, après une période d'initiation à la vie. Ce n'est pas à tort que certains auteurs comme Ntunga Nawanwa[21] accusent parfois le rôle de certaines attitudes et pratiques éducatives africaines dans la dépendance de l'Afrique. Ailleurs, dans les sociétés occidentales, c'est le mariage entre homosexuels qui est officialisé. On citera, par exemple, le PACS (Pacte Civil de Solidarité) en France et le mariage des couples homosexuels (*gays*) aux USA. De telles anti-valeurs, quand elles sont tolérées ou acceptées dans une société donnée, peuvent constituer un frein au développement d'autres communautés d'un même pays ne partageant pas ces anti-valeurs. C'est pourquoi, nous soutenons qu' « *Il y a autant de schémas et modèles de développement qu'il y a des sociétés. Un modèle unique de développement n'existe pas. L'expérience des dernières décennies a bien démontré qu'aucun modèle de développement n'est universel ni universalisable et ne peut être*

---

pauvre parce qu'il a bien géré, il sera l'objet des moqueries parce qu'on dira de lui qu'il est un « yuma » ou un « *zoba* » (peu intelligent) parce qu'il n'a pas pu ou su profiter (voler). C'est comme si l'on doit nécessairement s'enrichir en utilisant n'importe quel moyen...

[20] J.P. MBWEBWA KALALA, Les conflits armés en Afrique : fils conducteur, mécanismes et influence des ethnies dans « Résolution des conflits armés et développement en Afrique, Collection Afrique et développement 18, FCK, 2003, p.21.

[21] N.NTUNGWA., « Rôle des attitudes et pratiques éducatives africaines dans la dépendance de l'Afrique », dans V. Y MUDIMBE, La dépendance de l'Afrique et les moyens d'y remédier , Actes du Congrès international des études africaines de Kinshasa, du 12-16 décembre 1978, AGCD, Paris, 1980, p. 362.

généralisé ni dans l'espace ni dans le temps »[22]. Selon la thèse du modèle monade de développement, nous constatons que dans le cas de la RDC, par exemple, les réalités socio-culturelles des différentes communautés ethniques, tribales, claniques et familiales sont diverses pour qu'on puisse les cerner dans un schéma unique de développement.

Dans la perspective du modèle monade de développement, la connaissance et la compréhension de la dimension culturelle d'une société sont mises à profit pour opérer un changement librement accepté par ses membres, car le changement doit jouer un rôle utile dans le mode de vie, c'est-à-dire dans le processus de développement. Les expériences de développement ne sont pas transférables d'un pays à l'autre sans modification et adaptation. Et au sein d'un même pays, elles ne sont pas non plus transférables d'une région à une autre, ni d'une communauté à l'autre. Cela est d'autant plus vrai qu'à un cadre du CRDI, qui disait au président Mao Tsé Toung en 1977 que le développement de la Chine est un exemple à suivre, le leader chinois a rétorqué que le modèle n'était pas transférable. Ainsi, compte tenu de leurs conditions spécifiques, les pays en développement doivent chacun inventer son propre modèle de développement, ce qui explique notre souci de proposer le modèle monade de développement et le développement conscient comme cadre théorique de notre réflexion sur le processus de développement. *Le développement étant lui-même un processus historique, c'est-à-dire un processus qui se réalise dans un contexte déterminé, il est indispensable aujourd'hui que chaque communauté définisse sa voie en s'inspirant d'abord des lois historiques de sa propre culture, ensuite des autres communautés locales, y compris celles des autres pays développés ou en voie de développement et dont « les acquis des connaissances constituent aujourd'hui le patrimoine commun de l'humanité ».* Il est un fait que nous n'allons

---

[22] C.T.HUYNH, « Identité culturelle et développement : portée et signification », dans Stratégie du développement endogène, UNESCO, Paris, 1984, cité par R.M. MBAYA., op. cit., p. 9.

pas tout refuser des autres, ni tout accepter non plus. Dans le cas de la RDC, chaque communauté ethnique, tribale, clanique et familiale vit au quotidien, dans son espace géophysique, sa culture avec ses croyances et sa philosophie, sa science et sa technologie, son idéologie et ses valeurs, ses institutions sociales, politiques et économiques, son artisanat, ses outils, son folklore, etc. Les problèmes de développement dans une communauté ethnique, tribale, clanique et familiale donnée doivent être abordés dans leurs spécificités culturelles, économiques, politiques, anthropologiques, etc. Ainsi, l'approche globale des problèmes de développement et environnement évoqués dans la communauté vise avant tout l'appréhension globale de cette réalité. Cette approche utilise un ou plusieurs modèles théoriques à l'aide desquels elle explore la réalité de développement. Le modèle constitue dès lors le résultat des observations, une synthèse des types de relations et interrelations entre différents facteurs et contraintes de développement tels qu'ils ont pu être dégagés dans la réalité des faits observés dans la communauté concernée.

Comme cela a été déjà dit, pour mieux comprendre le processus de développement dans une communauté donnée, dans une zone ou région donnée, il est nécessaire de partir d'un modèle théorique. Celui-ci a pour fonction de permettre au chercheur ou à l'intervenant de reconstituer la réalité du processus de développement qu'il observe. « *Il est évident que ce modèle ne sera en rien objectif et encore moins exhaustif. Mais s'il est bien choisi, il présentera l'avantage de fournir au chercheur ou à l'intervenant une référence à partir de laquelle il pourra analyser* »[23] le processus de développement. Un modèle est un cadre, une description schématique et simplifiée de la réalité. Le modèle de développement fournit à l'observateur ou au chercheur un schéma directeur qui pourra lui servir de base de travail

---

[23]   M. BONAMI, B. DE HENNIN, J.M. BOQUE, J.J. LEGRAND, Management des systèmes complexes, DeBoeck Université, Bruxelles, 1993, p. 68.

et lui permettra d'élaborer des hypothèses explicatives sur l'organisation des interrelations entre les différents facteurs et contraintes du processus de développement dans la région ou la communauté étudiée. Dans cette optique, le modèle monade de développement résume en quelque sorte ce que nous considérons comme une solution acceptable sinon idéale, face aux différents types de problèmes de développement, de population et d'environnement à résoudre dans l'espace géo-ethnique ou tribal étudié, à savoir l'espace géo-culturel Nekongo en général et de la zone rurale de Mbanza-Ngungu en particulier.

1.6. L'APPLICATION

L'application du modèle monade de développement est examinée en trois temps : les niveaux d'analyse et d'action ; les possibilités d'application du modèle monade de développement ; ainsi que les contraintes et les difficultés d'application du modèle monade de développement.

1.6.1. LES NIVEAUX D'ANALYSE ET D'ACTION

Dans la perspective du modèle monade de développement, le problème du développement est abordé à plusieurs niveaux d'analyse (conception) et d'action. Il s'agit, comme nous l'avons spécifié, de la hiérarchie suivante des niveaux:

- Niveau de l'individu (espace individuel);
- Niveau de la famille (espace familial);
- Niveau du clan (espace clanique);
- Niveau de la tribu (espace géo-tribal);
- Niveau de l'ethnie (espace géo-ethnique).

A cette hiérarchie correspondent les niveaux d'analyse et d'action des espaces géo-physiques et géo-culturels suivants:

- Village, groupement, chefferie, territoire, district, province;
- Zone ou sous-zone, région ou sous-région, etc.;
- Pays (national);
- Continent (sub-national);
- Niveau monde.

On voudra bien faire attention au fait que certains de ces concepts se confondent sur le terrain (ex : zone = territoire ; région = province ; sous-région = district. La terminologie de l'époque coloniale, qui avait été remplacée en 1972 pendant la zaïrianisation, a été réhabilitée en 1997 sous la troisième République). Dans le vocabulaire des Nations unies et de ses institutions spécialisées, le continent correspond à la région et une partie du continent à la sous-région.

Le modèle monade de développement peut s'appliquer en milieu rural et en milieu urbain. Dans les quartiers urbains à prédominance mono-communautaire, tribal ou ethnique, il est possible d'envisager un programme de développement et d'orienter les actions en tenant compte des besoins, attentes et aspirations suivant les spécificités culturelles de ces communautés. C'est le cas, par exemple, des communes et quartiers urbains de Kinshasa comme Selembao, Ndjili, Kimbanseke (prédominance Bakongo), Selembao/Kitokimosi (prédominance Bayombe), Masina (forte dominance des ressortissants de Bandundu), Lingwala, Kinshasa (réssortissants de l'Equateur, communauté Ouest-africaine), etc. Il en est de même en Europe des quartiers à forte dominance des africains, arabes et autres immigrés. C'est le cas de Bruxelles/Ixelles surnommée « *Matonge* » par les congolais. C'est ainsi que l'espace physique comme le village, la chefferie (groupement des villages), le secteur (groupement des chefferies), le territoire, le district, la province et le pays ne constituent que des supports à la famille, au clan, à la tribu et à l'ethnie.

Contrairement aux autres modèles de développement qui prennent le pays (espace physique national) comme cadre de base de leur intervention, le niveau village, en tant qu'espace géo-familial et clanique, est le centre d'action et d'analyse du modèle monade de développement. La raison est que le village est le niveau auquel les communautés rurales et, quelquefois, les individus font le plus souvent référence, car ils sont conscients d'appartenir à une communauté familiale et clanique bien spécifique et distincte des autres membres des communautés. L'importance du village dans la structure socio-économique et politique du processus de développement est confirmée par Lumpungu K. lorsqu'il affirme: « *C'est le village qui apparaît comme l'unité de base de l'organisation sociale et politique traditionnelle. C'est pourquoi on parle d'économie villageoise en parlant d'économie traditionnelle* »[24]. En ce qui nous concerne, c'est sur l'organisation du village que nous allons asseoir notre programme de développement, de la même manière que la monade (*ngudi*) constitue l'unité de base de l'activité économique. Le village est, dans le cadre du modèle monade de développement, une réalité vivante incontournable, mais on n'en tient pas vraiment compte dans les actions de développement. « *La communauté villageoise est très dynamique, elle s'organise autour de son passé, son histoire, son espace (territoire), ses croyances, ses us et coutumes, etc. Elle a son organisation sociale, ses chefs et ses notables aux fonctions variées qui règlent les relations entre les diverses catégories de la population. Chaque individu de la communauté occupe une place sociale et économique dans la communauté en fonction de nombreuses caractéristiques différentes à savoir, son âge, son sexe, son appartenance familiale, sa personnalité...* »[25]. Si la

---

[24]   LUMPUNGU KAMANDA, op.cit., p.50.
[25]   J. BERTHOME et J. MERCOIRET, Méthode de planification locale pour les organisations paysannes d'Afrique sahélienne, l'Harmattan, Paris, p.19.

communauté villageoise est donc une réalité indispensable, et qu'on ne peut pas l'éviter, il est avantageux de l'intégrer activement dans les actions du développement, car le village constitue, tour à tour, une unité de production, de résidence et de consommation, et un pôle d'accumulation, malgré qu'il évolue dans un environnement socio-économique souvent instable et complexe dont il a du mal à se situer...[26].

Le processus du développement, tel que préconisé par le modèle monade de développement, se définit comme une démarche de l'ensemble de la communauté (villageoise, familiale, clanique, tribale, ethnique, ...)[27] qui cherche à fixer sa propre orientation du développement (Plan, programme, projet de développement, ...) en prenant en compte tous les aspects de sa réalité et en demandant aux intervenants extérieurs de respecter cette volonté et de collaborer à sa mise en oeuvre en vue de son épanouissement (promotion) matériel, moral et spirituel. Nous venons de dire que le village est le centre d'action du modèle monade de développement. Cela est d'autant plus vrai que la cohésion en milieu rural est plus forte, car les communautés villageoises partagent entre elles un sentiment de solidarité plus fort en milieu rural qu'en milieu urbain. Malheureusement, les grands projets économiques ou de développement sont souvent conçus au niveau national ou régional sans prendre en compte le niveau local (village), sans doute parce que les décideurs considèrent qu'il ne se passe rien de décisif au niveau du village en matière de production et consommation. Si la démocratie est le pouvoir du peuple par le peuple, nous disons que le modèle monade de développement est le dévelopement des communautés par les communautés à condition que les initiatives locales ne soient pas étouffées. Au niveau du village, toute décision qui engage la vie et les intérêts du village requiert l'approbation de tous les membres de la communauté

---

[26]   J.BERTHOME et J.MERCOIRET, op.cit., p.19.

[27]   Il faudra toujours définir la communauté où l'action de développement est envisagée.

villageoise (*bana ngudi*). Tant que cet accord de tous les membres n'est pas requis, la décision sera toujours retardée, mais sauf rare exception, c'est toujours dans l'intérêt de la communauté que cette décision sera envisagée. Le contraire ne fera que nuire à la communauté. Le chef du village dictateur, imposant sa volonté à ses membres dans des décisions qui mettent en péril la vie de la communauté, est rare ou inexistant. Le principe est d'arriver toujours à un compromis pour obtenir l'adhésion des membres de la communauté, même dans des situations délicates, compte tenu de la complexité des liaisons monadiques à préserver.

1.6.2. APPLICATION DU MODELE MONADE DE DEVELOPPEMENT

Le modèle monade de développement peut être entendu comme un système socio-anthropologique (anthroposystème) qui regroupe l'ethnosystème (communautés ethniques), le tribosystème (communautés tribales) et le clanosystème (communautés claniques). Dans sa conception et son application, il intègre l'espace (milieu physique et humain), les ressources (l'environnement) et la communauté (ethnique, tribale, clanique, familiale). L'espace est le milieu géo-physique et humain: le village, le groupement, la région, etc. L'espace monadique peut aussi être individuel. Dans ce cas, c'est l'espace physique occupé par l'individu, la famille, le clan considéré comme propriété. C'est le cas, par exemple, de:

a) « *silu dia ngazi* »: l'endroit où l'individu, la famille extrait l'huile de palme; par exemple, on pourra désigner ou identifier un tel endroit comme « *silu dia ngazi dia Tata Nkana* » (*l'endroit de l'extraction de l'huile de palme de papa Nkana*).

b) « *Za kia kedi* »: l'endroit où l'on pratique le rouissage de manioc; on parlera, par exemple, de « *Za kia kedi kia mama Zimi* » (*la place de rouissage de manioc de maman Zimi*) ;

c) « *Silu dia malavu* »: l'endroit où l'on tire, stocke et consomme le vin de palme. On parlera de « *silu dia malavu dia nkazi Kiasala* » (*l'endroit de consommation de vin de palme de l'oncle Kiasala*). Le village est aussi considéré comme un espace familial et clanique, c'est-à-dire une agglomération et une communauté regroupant plusieurs familles « *zingudi/mawuta* » (famille).

d) « *Nkunku ya Nkazi Nkanza* » (la réserve forestière de l'oncle Nkanza)

Par communauté monadique, on entend les individus, les membres de familles, les membres du clan (*bana ngudi*), les membres des tribus et ethniques. Les ressources consistent en ressources humaines, culturelles et traditionnelles, économiques, sociales, technologiques, intellectuelles, naturelles; par exemple, le sol, la rivière, la forêt, la savane, etc., dont disposent les communautés. Notre philosophie ou conviction dans l'application du modèle monade de développement part de l'idée ci-après:

« *Qui connaît et aime bien sa famille (communauté), connaîtra et aimera bien son village; qui connaît et aime son village, connaîtra et aimera bien sa région; qui connaît et aime bien sa région, connaîtra et aimera bien son pays; qui ne peut trahir sa famille ne trahira jamais son pays. Nous appartenons au monde parce que nous appartenons à l'Afrique. Nous appartenons à l'Afrique parce que nous appartenons à l'espace Kongo* ». *Nous faisons partie de cet espace parce que nous appartenons à l'un des villages de cette région. Et, enfin, nous appartenons à l'un de ces villages parce que nous appartenons à l'une des familles formant un de ces villages. Et ces familles s'apparentent à des clans* » [28]. Nous croyons que si les villages se développent, le pays se développera.

---

[28] F. Nioka dans Mfuma ne kongo@yahoo.groups.com ; www.ne-kongo.net/rh_rp/kongoluvila.htm

1.6.2.1. CONTRAINTES ET DIFFICULTES D'APPLICATION DU MODELE MONADE DE DEVELOPPEMENT

Quelques contraintes qui pourraient entraver l'application du modèle monade de développement valent la peine d'être soulignées[29]. Il s'agit surtout et principalement des contraintes d'ordre politique liées à des risques d'exploitation ou de récupération des communautés claniques, tribales et ethniques en fonction des intérêts politiques. Une communauté donnée peut canaliser ses efforts, pour promouvoir son développement et cela peut faire l'objet des jalousies vis-à-vis d'autres communautés. Dans notre pays, la RDC, certaines communautés ethniques ou régionales ont eu à s'affirmer pour la réalisation de certaines actions de développement. Nous pouvons citer le cas des universités communautaires créées à l'initiative des ressortissants de certaines communautés ethniques. C'est le cas de l'Université Kongo (UK), de l'Université Libre de Luozi (ULL), de l'Université Aequatoria, de l'Université du Bandundu (UB), etc[30]. Le modèle monade de développement tel que nous l'avons décrit, en nous basant sur les communautés tribales, ethniques, claniques et familiales comme base possible d'un développement soulève donc quelques interrogations et quelques réserves quant à son efficacité éventuelle. Les groupements tribaux, ethniques, claniques et familiales ont toujours existé dans notre pays, à travers toutes les époques de notre histoire.

A certaines époques, les forces d'occupation coloniale se sont appuyées sur l'autorité traditionnelle (chefs des villages, chefs des groupements ou des chefferies, chefs des secteurs, etc.) pour imposer leurs lois d'exploitation populaire. Leur action a abouti à une série de transformations qui différencient

---

[29] Nous allons nous inspirer du document de la Conférence Episcopale du Congo, pp.109-116.

[30] Les deux premières (UK et ULL) existent encore. La troisième (Université Aequatoria) a disparu et la dernière (UB) est devenue publique.

aujourd'hui l'organisation de nos sociétés actuelles par rapport à nos sociétés ancestrales. Pourtant la durabilité des résultats obtenus ne semble pas avoir résisté à la remise en question et à l'épreuve de temps ! L'échec était prévisible dans la mesure où il s'agissait d'un pouvoir colonial imposé pour dominer et exploiter les autochtones, ce qui est totalement différent de la finalité du modèle monade de développement qui vise de promouvoir la conscience des communautés par l'action éducative. Le retour des jeunes qui sont censés apporter l'innovation dans le système d'occupation des terres arables n'est pas souvent le bienvenu dans les villages, ce qui est l'une des causes à l'origine de nombreux conflits fonciers [31]. L'innovation, tout comme le retour des jeunes au village, ne peut être acceptée par les villageois que s'ils en ressentent et en expriment le besoin. Un tel changement de mentalité ne peut s'opérer que si les deux concepts de développement préconisés sont judicieusement appliqués. Voilà pourquoi l'on peut se demander quels sont les éléments nouveaux que nous apportons dans notre analyse de la situation, et qui pourraient garantir des résultats plus efficaces et plus durables que ceux obtenus par l'expérience coloniale par exemple, dans la transformation de mode de vie de nos populations. L'expérience coloniale n'est pas comparable à l'expérience postcoloniale parce que la vision de ces deux systèmes n'est pas la même. Les éléments nouveaux que nous apportons sont les idées, les solutions, les stratégies et les actions contenues dans le développement conscient et le modèle monade de développement. Concernant la création de différentes universités citées ci-dessus, on peut se demander si elle a été le fait des communautés monadiques. Les deux exemples que le public connaît le mieux de ces expériences universitaires sont ceux de l'UB et de l'UK. Ces initiatives émanaient des cadres universitaires de la province de Bandundu (pour l'UB) et de celle du Bas-Congo (pour l'UK), et non des initiatives tribales.

---

[31] Souvent les jeunes ruraux, après un séjour en ville, de retour au village s'illustrent parfois, par un mauvais comportement caractérisé par l'arrogance, le non respect aux vieux, l'impolitesse, ce qui est souvent source de conflits.

Qu'à cela ne tienne, il s'agit dans le cas du Bas-Congo, des cadres appartenant à des communautés monadiques partageant la même langue et la même culture pour répondre aux inquiétudes et besoins exprimés par les communautés familiales, tribales et ethniques relatives à l'éducation de la jeunesse Nekongo. Ce n'est pas un hasard si l'UK a le statut d'une université communautaire. Notre conviction est que le modèle monade de développement, combiné au développement conscient, peut réellement innover les efforts de développement des milieux ruraux de la RDC. Il y a aussi des organisations de développement comme le CODEKOR pour le développement du Kasaï Oriental, Grand Kasaï, etc. Il faut bien reconnaître que, édifier une nation à partir d'une multitude de clans et d'ethnies différents et parfois même antagonistes constitue un défi politique majeur pour les pays africains[32]. Le recours constant aux organisations claniques ou ethniques pour résoudre des problèmes politiques nationaux constitue un des principaux défis de la démocratie dans nos pays. En effet, de nombreux dirigeants politiques africains arrivent au pouvoir par des moyens anticonstitutionnels (coup d'Etat, rébellion, fraude électorale...) et ceux qui passent par des élections y arrivent en s'appuyant largement sur des sentiments ethniques, régionaux, religieux et autres. Lorsqu'ils commencent à diriger effectivement, ils s'entourent de ceux qui les ont aidés à prendre le pouvoir et à la fin les cercles les plus proches ne contiennent plus que des ressortissants de leurs groupes ethniques, régionaux ou religieux[33]. Pour édifier les Etats africains modernes et ouverts au pluralisme politique, il faudra fonder ces Etats sur des valeurs fondamentales communes à tous les fils et filles de chaque pays, au-delà des clans, des ethnies, des tribus et des régions. Cette vision devrait être l'ambition des partis politiques. Ces derniers devraient devenir les porteurs des valeurs de référence auxquelles tout le peuple communie et par rapport

---

[32] CEC (Conférence Episcopale du Congo), Le processus de démocratisation au Congo, Edit. Du Secrétariat Général de l'Episcopat, Kinshasa, 1996, p.109.

[33] J. P. MBWEBWA KALALA, op.cit., p.21.

auxquelles les citoyens d'un pays s'identifient, se rencontrent et travaillent par delà leurs différences socio-ethniques. La référence ethnique comme critère d'option ou d'alliance politique devrait être relativisée et, à long terme, supprimée.

L'idéal serait que la nation vive du « lien socio-culturel » scellé par l'engagement historique de ses citoyens en faveur des objectifs communs, élaborés en réponse aux problèmes également communs. Même dans le système traditionnel, les liens se consolidaient par le fait de vivre ensemble, de façon solidaire, des situations historiques communes[34]. Dans ces conditions, la tendance qui s'exprime chez les leaders des partis politiques à jouer sur la « corde ethnique » relève d'un opportunisme dangereux et politiquement suicidaire. Dans le contexte de notre pays où l'enjeu politique concerne un ensemble d'ethnies différentes, dispersées et mélangées sur un immense territoire, il est absurde qu'un leader politique table sur un clan, une ethnie ou même une région, qui est de toutes les façons minoritaire par rapport à cet ensemble, pour essayer de s'affirmer et d'acquérir une popularité durable. En fait, un leader politique, dont la vocation première est de contribuer à l'édification de sa nation, n'aide même pas son clan ou son ethnie lorsqu'il fait recours à cette tactique pour asseoir sa popularité, car l'histoire des peuples est « supra-ethnique », et les membres d'une ethnie n'ont de chance de progresser dans cet ensemble que s'ils s'ouvrent à la civilisation des autres et à leur projet de société[35]. Un leader qui chercherait à enfermer ses frères dans l' « ethnisme » est en définitive un traître. Dans le cas de notre pays, la R.D. Congo, chaque ethnie se trouve côte à côte avec une ou plusieurs autres ethnies. Dès lors, sa politique, même « ethnique » doit intégrer positivement la présence irréductible de ses voisins. C'est ainsi que le système traditionnel africain connaissait déjà de solides alliances entre différents groupes. Les leaders

---

[34] CEC, op.cit., p.112.
[35] CEC, ibid., p.114.

et les partis politiques dont l'Afrique a besoin aujourd'hui pour son développement sont ceux qui, dans la fidélité aux valeurs ethniques de leurs ancêtres, sauront ouvrir leur peuple aux autres communautés humaines et l'organiser en solidarité avec toute l'humanité. En ce qui concerne le contexte africain concrètement, les partis politiques qui auront un avenir sont probablement ceux-là qui réussiront à intégrer dans leur programme politique la promotion de la solidarité interethnique et l'édification d'une vraie unité nationale soutenue par une organisation politico-administrative, juridique, socio-économique représentant une synthèse harmonieuse des vraies valeurs africaines. Les politiques africaines ont malheureusement ignoré, souvent trahi et même ridiculisé nos valeurs.

Ainsi, par exemple, le sens de la dignité et du respect religieux du chef a été mis au service du culte de la personnalité et d'un pouvoir personnel. Enfin, la fonction de leader dans nos pays a souvent consisté à diviser plutôt qu'à unir les populations et les communautés ethniques[36]. En d'autres termes, si la communauté familiale, clanique, tribale et ethnique est l'unité de base du modèle monade de développement, elle est toutefois contre-indiquée comme référence dans l'exercice du pouvoir. Les communautés monadiques ne prétendent pas se substituer au pouvoir politico-administratif mais comme cadre d'exécution de l'action de développement dans la zone. Il est important de le relever car c'est sur le modèle monade de développement, couplé avec le développement conscient, que nous comptons axer le « développement du terroir de Mbanza-Ngungu » que nous avons choisi comme cible de notre réflexion.

---

[36]   CEC, op.cit., p.116.

1.7. LE POUVOIR ORGANISATIONNEL

L'étude du pouvoir organisationnel du modèle monade de développement comporte les cinq points suivants : le modèle monade de développement dans le processus d'intégration et d'organisation des communautés ; le modèle monade de développement et l'organisation sociale des communautés ; le modèle monade de développement et l'organisation géo-spatiale des communautés ; l'organisation de la zone de développement de Mbanza-Ngungu ; ainsi que le modèle monade de développement et le développement spatial.

1.7.1. LE MODELE MONADE DE DEVELOPPEMENT DANS LE PROCESSUS D'INTEGRATION ET D'ORGANISATION DES COMMUNAUTES

L'intégration, selon Michel Norro, désigne le processus par lequel on tend à s'approcher de l'idéal d'équilibre structurel. Ce processus existe au niveau de tous les ensembles économiques caractérisés par une unité de but[37]. Or la monade, unité communautaire de base, se caractérise surtout par un but et un idéal commun de développement, idéal partagé et soutenu par les membres de la communauté.

Il faut vivre cette réalité quand il s'agit d'un conflit de terres dans un village. Tous les membres du clan se mobilisent. On cherche du renfort financier par des cotisations ou du matériel chez les membres du clan installés dans les grandes villes; en bref, tous les membres de la communauté (clanique, tribale, ethnique) sont mis à contribution. Le modèle monade de développement peut être un des soutiens au processus d'intégration et d'unité nationale dans la mesure où il favorise et consolide les unités

---

[37] M. NORRO, *Le rôle du temps dans l'intégration économique*, Ed. Nauwelaerts, Louvain, 1962, p. 97.

socio-économique, politique, administrative et culturelle des espaces géo-ethniques, tribaux, claniques et familiales. Comprise de cette manière, l'intégration est un processus à caractère humain, car sa réalisation se concrétise d'abord dans les rapports entre les hommes des différentes communautés ethniques, tribales, claniques et familiales. Or, le modèle monade de développement vise aussi l'intégration des communautés dans un espace géo-culturel donné. Il faut toutefois souligner que selon le modèle monade de développement, l'intégration des communautés ne vise pas l'unité des communautés, mais plutôt, leur complémentarité. De par leurs identités culturelles, un mukongo (membre d'une communauté ethnique) restera toujours mukongo vis-à-vis du mungala (membre d'une communauté ethnique), etc. Il en est de même à l'intérieur de la communauté ethnique Kongo, le mundibu (membre d'une communauté tribale) restera mundibu vis-à-vis de la communauté tribale muntandu ou muyombe. La complémentarité des communautés n'équivaut pas à leur unification. C'est ce que Pierre Uri appelle l'existence de différences dans les différences[38] ou encore « les divergences parallèles »[39]. La référence au modèle monade de développement, comme nous l'avons défini, ne peut assurer le succès des efforts de développement que si l'identification et la résolution des problèmes de développement répondent aux exigences des concepts préconisés par cette étude. On ne peut pas mêler les considérations ethniques, familiales, claniques et tribales dans les initiatives issues de nouvelles valeurs extra-tribales sans faire intervenir le développement conscient. Par exemple, il est malencontreux de mêler des considérations ethniques, tribales, claniques ou familiales dans l'organisation d'une paroisse ou d'un couvent des religieux dont les valeurs normales de références devraient provenir de l'application du message évangélique chrétien.

---

[38] P. URI, Harmonisation des politiques et fonctionnement du marché, Revue économique, mars 1958, pp. 169-187, cité par M.NORRO, op. cit., p. 103.

[39] Expression célèbre du Monseigneur MOSENGO PASINYA (actuellement Cardinal) à la Conférence Nationale Souveraine du Zaire, Avril 1991.

Nous ne voyons d'ailleurs pas comment on peut les mêler car l'organisation de l'Eglise n'est en rien comparable à celle de l'organisation familiale, clanique, ethnique ou tribale. Si nous parvenons à éviter les écueils, le modèle monade de développement peut consolider l'intégration et l'unité, partant le succès des expériences de développement. Par exemple, la pratique des « Nkunku », ou des réserves forestières protégées, ne peut réussir que si l'initiative part de l'unité communautaire de base (monade), car seul un clan possédant des terres peut décider de créer une réserve forestière sur ses terres et la respecter. Et si plusieurs clans s'associent pour créer sur leurs terres une grande étendue de « Nkunku », l'unité et l'intégration sont assurées. Il en est de même du problème des feux de brousse. La solution à ce problème ne viendrait pas à coup d'ordonnances administratives, mais par la collaboration et l'entente de toutes les communautés monadiques, qui ont la responsabilité de gérer et de protéger ces terres. D'après Loka-ne-Kongo, « *Il faut constater que l'existence des affinités ethniques n'est pas nécessairement opposée à l'unité nationale, ... que les efforts pour l'intégration nationale postulent le projet de développement et de l'épanouissement de la personne humaine au sein de la société en développement* »[40]. Par ailleurs, la complémentarité des communautés dans le processus de développement et l'harmonisation de leurs politiques, stratégies, programmes et actions est une conséquence directe de l'existence et de la poursuite d'un objectif commun de développement ainsi que d'une intégration. Dans cette perspective, l'intégration se caractérise à la fois comme facteur et contrainte du processus de développement. Mais l'intégration elle-même est aussi un processus qui se définit ou se caractérise comme suit: « *un état de solidarité politique, économique et socio-culturelle exige des comportements cohésifs et adhésifs de la population conférant à l'espace considéré des contraintes pour la conformité à un même cadre politico-juridique pour la participation à la*

---

[40]   LOKA-NE-KONGO., Fondements politique, économique et culturel de l'intégration nationale, dans Fédéralisme, ethnicité et intégration nationale au Congo/Zaïre, IFEP, 1997, p. 5.

réalisation de l'intérêt national »[41]. L'espace géo-ethnique, tribal et clanique, en tant qu'espace intégré, est aussi un « *réseau des relations organiques et fonctionnelles, qui assure la compénétration et la coopération de toutes les composantes pour la réalisation de mêmes objectifs et la poursuite de mêmes finalités politiques, socio-économiques et socio-culturelles* »[42]. Comme le dit Lewis Hunter, « *We cannot create wealth without cooperating. And we cannot cooperate if we are always fighting over who is right* ».[43] Compris de cette manière, l'espace géo-ethnique, tribal et clanique exige non seulement « *un processus d'articulation, de mise en commun d'intérêts, dont la dynamique de gestation et d'harmonisation se forge autour d'un idéal de communauté et de solidarité* », mais aussi et surtout « *le renforcement de la cohésion des composantes d'un territoire soumis au même cadre organique ou institutionnel de pouvoir sur le plan politique; l'intensification des solidarités identitaires au sein d'une communauté sur le plan socio-culturel; l'augmentation de la mobilité des facteurs, l'accroissement des échanges et la maximisation des gains socio-économiques sur le plan économique* »[44]. Par son approche de consolidation des espaces de diverses communautés ethniques, tribales et claniques, le modèle monade de développement est donc clairement un instrument qui favorise l'intégration des espaces géo-ethniques, tribaux et claniques comme des espaces d'intégration économique, politique et humain tant au niveau local que régional, national que sub-national. « *The increased salience of cultural identity at lower levels may well reinforce its salience at higher levels. As Burke suggested:* « *The love to the whole is not extinguished by this subordinate partiality... To be attached to the subdivision, to love the little platoon we belong to in society, is the first principle of public affections* ». *In the world where culture counts, the platoons are tribes and*

---

[41] BANYAKU LUAPE., Les fondements économiques de l'intégration nationale, dans Fédéralisme, Ethnicité et Intégration nationale au Congo/Zaïre, IFEP, p. 21.

[42] BANYAKU LUAPE. op.cit., p.21.

[43] H. LEWIS, op. cit., p.10.

[44] BANYAKU LUAPE, ibid., p.21.

ethnic groups, the regiments are nations, and the armies are civilizations »[45]. Et comme le souligne Michel Norro, il y a espace économique dès qu'un espace géographique quelconque, concret et hétérogène sert de base à une action économique[46]. Or, l'espace géo-ethnique, tribal ou clanique est un espace hétérogène, culturellement d'abord puisqu'il est constitué des diverses communautés de base (monades) qui ne peuvent rester indifférentes à l'action économique; physiquement ensuite, par la localisation différente des facteurs de production et des besoins à satisfaire; et enfin socialement, au plan des relations sociales et humaines (liaisons monadiques. En Afrique, les échanges, la circulation et la transmission des informations et des connaissances se font de proche en proche et en cercles concentriques; du petit noyau (monade) à la tribu ou ethnie, du village à la ville...

D'ailleurs, l'adage qui dit « *Teka nsusu kua ntungi, ngatu siwa nua supu dia mpamba* » (*Vends ta poule au voisin ou à quelqu'un que tu connais, il se peut qu'il t'invitera un jour à manger la soupe de cette poule*). Comme l'écrit Edem Kodjo, « *l'avenir du continent impose le regroupement des pays en quelques grands ensembles viables...* »[47]. Selon le modèle monade de développement, la viabilité de ces ensembles, pensons-nous, passe par la consolidation économique, politique et institutionnelle des espaces et des communautés géo-ethniques, tribaux et claniques. On perçoit ainsi la nécessité et l'importance de promouvoir le processus de développement à partir de la monade pour évoluer vers des grands ensembles locaux, nationaux, régionaux et continentaux et ce, à l'image de l'évolution de la cellule vers des organismes pluricellulaires. Les ensembles africains

---

[45] S. P. HUNTINGTON, op.cit. p.128.

[46] M. NORRO, op., cit., p. 106

[47] EDEN KODJO, Et demain l'Afrique, Stock, Paris, 1985 cité par NDAYWEL è NZIEM, « Multi-ethnicité et mécanismes de renforcement de l'intégration nationale dans un Etat fédéral » dans Fédéralisme, ethnicité et intégration nationale au Congo/Zaïre, IFEP, op. cit. p. 85.

comme l'Union Africaine, la CEDEAO, la SADC, etc., ne trouveront leur stabilité qu'à partir des bases géo-éthniques, tribales, ou claniques, car l'Africain pense d'abord à sa famille, à son village, à son clan, à sa tribu et à son ethnie avant de penser à l'Union Africaine (UA), à la CEDEAO, etc. Il pense d'abord à son frère « *mundibu* », « *muntandu* », « *mukongo* » avant de penser au « *mongo* » de la province de l'Equateur, au « *Tutsi* » du Rwanda, au « *Zoulou* » de l'Afrique du Sud, etc. Il pense d'abord au Congolais avant de penser au Gabonais, au Zambien, etc. Comme le souligne Samuel Huntington, « *Africa tribal identities are pervasive and intense, but Africans are also increasingly developing a sense of African identity* »[48]. C'est à partir de la consolidation des ensembles géo-tribaux ou ethniques que les ensembles sub-régionaux ou transnationaux pourront acquérir leur stabilité et confirmer leur unité économique, politique, etc. La construction de l'Union européenne nous offre un exemple d'un très long processus, qui s'est confirmé au cours des siècles. Pour qu'un Français ou un Allemand se sente aujourd'hui citoyen européen, il s'est senti d'abord breton, français, originaire de telle famille, de telle contrée, etc. et d'ailleurs, cela n'empêche pas que les séparatistes Basques et Corses revendiquent leur origine identitaire d'appartenance au pays Basque ou à la Corse. L'histoire économique nous enseigne aussi que le processus du développement économique de l'Europe est parti d'abord des campagnes, c'est-à-dire du milieu rural pour évoluer vers les centres industriels, les villes. On se souviendra du système féodal et de l'économie du manoir de l'Europe médiévale.

Le capitalisme industriel est parti du capitalisme familial (Ford, Rockfeller, etc.), ensuite étatique et vers son évolution corporative actuelle. Comme nous le dit Rondo Cameron, « *... As an organizational and administrative unit, the manor consisted of land... the ideal might have been one manor, one*

---

[48]   S.P. HUNTINGTON, op.cit., p.47.

village, frequently one manor encompassed several villages, or less frequently a single village was divided among two or more manors. Il y a lieu de noter aussi le rôle joué par le milieu rural, principalement par l'agriculture, dans le développement de certains pays comme l'Amérique, ainsi que nous le confirme Rondo Cameron: « *Agriculture played a dynamic role in the process of American industrialization and in the rise of the United States to the position of the world's leading economic power… The rural origins of many notable business leaders (e.g., Henry Ford), politicians, and statesmen (e.g., Abraham Licoln) are symptomatic in that respect* »[49]. Cela suppose que les campagnes ont évolué avec leurs structures familiales, claniques, tribales et ethniques dans leurs espaces géo-physiques et culturelles (Wallonie pour les Wallons, Bretagne pour les Bretons, etc.). D'ailleurs, la construction européenne comme espace géo-économique et humain a été possible à partir du développement des espaces en milieu de campagnes (villages, zones, contrées, régions, pays,…) suivant un système d'organisation sociale et politique dicté par les impératifs des époques concernées. C'est à partir de la consolidation de cette fondation, constituée par ces espaces locaux (ruraux), que des grands ensembles européens et nationaux ont été fortifiés. Autrement, il aurait été impossible de penser européen s'il n'avait pas été possible dans le passé de penser d'abord breton, flamand, liégeois, marseillais, portugais, belge, etc. Selon le modèle monade de développement, la consolidation des espaces africains reviendrait d'abord à asseoir l'unité et le développement des espaces monadiques familiaux et claniques dont le village est le centre d'action; et ensuite, des espaces tribaux et ethniques (zones et sous-zones, régions et sous-régions homogènes). Un pays ne serait que la mosaïque ou l'assemblage de ces espaces culturels homogènes dont les différentes liaisons monadiques permettraient et favoriseraient la cohésion et l'identité nationale. Il en est ainsi parce que « *cultural identification is dramatically increasing in importance compared to*

---

[49] R. CAMERON, op.cit., p.308.

other dimensions of identity »[50]. Mais aussi parce que « *everyone has multiple identities which may compete with or reinforce each other* ».[51]

En Afrique, le modèle de développement hérité de la colonisation est celui dont les programmes de développement économique étaient conçus en fonction des besoins et des intérêts économiques et commerciaux de la métropole. Ce modèle nous lie à ce jour à l'interférence des économies mondiales. Basé principalement sur l'exploitation des ressources, ce modèle a conduit à l'implantation des pôles de croissance à forte intensité de capital avec une industrialisation essentiellement extractive. Conçu et exécuté d'en haut au niveau national, il visait l'interconnexion des structures économiques favorisant surtout l'exportation des matières premières suivant l'objectif économique de la métropole. Aucun impact local n'était visé. Le modèle monade de développement offre une réponse à cette préoccupation car conçu et exécuté au niveau de l'unité communautaire de base. Le plan de développement des communautés monadiques doit s'insérer dans un plan global de développement du pays selon la hiérarchie suivante : niveau familial, clanique, tribal, ethnique, national et continental (niveau subnational). Actuellement en RDC, l'attribution du statut d'entité décentralisée au secteur et à la chefferie permettra aux habitants de ces entités de participer à l'apprentissage de la démocratie par la gestion des affaires qui les concernent directement. Autrement dit, il faut amener progressivement ces populations à se prendre en charge pour leur propre développement[52]. L'intérêt primordial du découpage territorial actuel du pays est à placer dans le cadre du souci d'une meilleure gestion politique et

---

[50] S.P. HUNTINGTON, op.cit., p.128.

[51] S.P. HUNTINGTON , idem., p.128.

[52] J. EPEE GAMBWA, Les rapports entre le pouvoir central et les provinces sous la troisième république : Conflits de compétence, dans Les défis politico-administratifs, sécuritaires, juridiques et institutionels de la gestion de la troisième république, Afrique et Développement 23, FCK, Kinshasa, 2006, p.87.

administratif de l'espace congolais, particulièrement en relation avec une territoriale de proximité et de développement[53]. Le modèle monade de développement offre dans cette optique, un outil nécessaire de réalisation et d'exécution des actions envisagées pour le développement.

1.7.2. LE MODÈLE MONADE DE DÉVELOPPEMENT ET L'ORGANISATION SOCIALE DES COMMUNAUTÉS

La structure géophysique de base du modèle monade de développement est le village (espace géophysique). Ce dernier est constitué d'un ensemble de familles (*bana ngudi*) issues des clans partageant un espace physique bien déterminé. Le village se regroupe au niveau d'une autre structure géophysique (espace) comme le groupement, la chefferie, le secteur, le territoire, le district, la province, le pays. Le village, véritable centre d'activités économiques, reste le point de départ de toute action de développement à entreprendre. C'est cet espace géophysique, occupé par la famille, le clan, la tribu et l'ethnie, ou qui part du village, de la chefferie, du secteur, de la province et du pays, que nous avons appelé région ou zone de développement compte tenu de son caractère homogène caractérisé, entre autres, par l'unité culturelle. Ces régions et zones de développement se subdivisent en sous-régions ou sous-zones homogènes de développement suivant leurs spécificités culturelles. Le clan, la tribu et l'ethnie sont des structures abstraites. Celles-ci sont identifiées par l'espace géophysique qu'elles occupent. Il s'ensuit que les éléments de base qui contribuent à la structure du modèle monade de développement et dont une modification de l'un entraîne la modification de l'autre sont le clan, d'une part, et le

---

[53]   J. P. MBWEBWA KALALA., Le découpage territorial et l'entrée en activité de nouvelles provinces dans « les défis politico-administratifs, sécuritaires, juridiques et institutionnels de gestion de la troisième république », op.cit., p.17.

sol, d'autre part. Ainsi, l'individu, le clan et le sol sont liés ensemble de façon indissoluble comme les racines, le tronc, les branches, les rameaux, les brindilles et les fruits qui sont organiquement attachés à un seul arbre. L'expression « *Nti a kanda* » (arbre du clan) dérive de ce contexte.

a) Le clan, en tant que communauté sociale, est formé des matrilignages étendus et se réclamant d'un même ancêtre. En fait, le clan se présente comme une composition ou l'assemblage de plusieurs groupes familiaux nucléaires sous l'autorité d'un chef (*mfumu a kanda*)[54]. Ce dernier est souvent l'aîné, mais il peut être aussi désigné ou choisi parmi les jeunes qui ont les aptitudes à diriger, par exemple l'aptitude de palabrer, le courage de défendre les membres du clan en cas de conflit, etc. Dans chaque clan, la famille stricto sensu constitue l'unité de base de l'activité économique.

Ceci est confirmé par les principes suivants :

- « *Muntu mfunu kena* » (l'individu est nécessaire). Ce principe confirme l'importance de tout individu (avec ses qualités et défauts) dans le clan. En effet dans le clan on dit : « *nkua ngangu unvua* » (un homme intelligent, il faut l'avoir), « *zoba unvua* » (une personne peu intelligente, il faut l'avoir), « *tekia zumba unvua* » (l'individu qui aime les femmes, il faut l'avoir), « *mvuama unvua* » (un homme riche, il faut l'avoir), « *muivi unvua* » (un voleur, il faut l'avoir), « *ndoki mpe unvua* » (un sorcier aussi, il faut aussi l'avoir), etc. Le clan n'exclu personne. Il arrive des situations où

---

[54] Nous précisons que dans le clan se trouve groupé plusieurs « ngudi ». A l'intérieur des « ngudi » se trouvent des « mawuta ». Chaque famille est dirigée par un chef de famille et chaque clan par un chef de clan. D'où le vocable « *mfumu a kanda* » ou « *mfumu za makanda* » (au pluriel).

l'individu quels que soient ses qualités et défauts peut apporter sa contribution dans une situation décisive dans la famille.

- « *Kimvuama kia kanda* » (*richesse du clan*). Ce principe confirme que le succès de l'individu est avant tout celui du clan. Tous les membres du clan se glorifient et sont fiers de clamer que nous avons un oncle, une tante, un neveu ou cousin riche (*mvuama*), intelligent (*ngangu*), etc. Le contraire est aussi vrai quand on a des individus qui déshonorent la famille.

- « *Nakala ye mbongo/kimvuama, kala ye bantu* » (*quand tu as l'argent/richesse, tu dois avoir les hommes*). La vraie richesse du clan est constituée par le nombre d'individus. Ceci est mieux exprimé par l'expression « *mbongo ya bantu* » *(Richesse d'hommes)*. Suivant ce principe, on distingue : « *kanda dia kua ngangu* » (une famille d'individus intelligents), « *kanda dia kua ngolo* za kisalu» (travailleurs), « *kanda dia kua mbongo ou mvuama* » (riches), « *kanda dia kua mazowa* » (individus peu intelligents), « kanda *dia kua kimolo* » paresseux), « *kanda dia ma povele* » (une famille d'individus pauvres), etc.

En effet, en raison de l'étendue du clan et de la viscosité des liens qui unissent ses membres, le clan présente plus l'aspect d'un village en miniature que celui d'une famille élargie[55]. Le clan, comme assemblage des « *mawuta* » et « *zingudi* » constitue un ensemble d'individus *(besi kanda)* qui descendent d'une manière unilinéaire d'un ancêtre commun et qui, par opposition au sol, tendent à demeurer groupés et à former une sorte de communauté (clanique) dont le fondement est le matrilignage (« *Kingudi* » ou « *kimama* » ou « *kiyaya* »). Dans l'espace géo-ethnique ou tribal Kongo, le clan constitue donc une communauté fondamentale incontournable qui confère l'identité de chacun, où tous les membres se reconnaissent

---

[55] LUMPUNGU KAMANDA. Régime des terres et crise agricole au Congo, dans Revue africaine de développement, vol. 1., PUC, Kinshasa, 1974, p. 50.

et à laquelle ils se réfèrent. Le clan garantit et assure la protection des membres ainsi que l'exploitation solidaire des ressources naturelles léguées par les ancêtres. Grande unité coutumière, le clan se divise à nouveau en plusieurs groupes sociaux. Il y a les véritables membres du clan et les esclaves (*bantu bansumbua*). Il est par conséquent important de consolider l'espace géo-clanique comme cellule de développement, ainsi que le préconise le modèle monade de développement. En effet, le processus de développement que l'on se propose de promouvoir dans l'espace ne peut aboutir si l'on ne tient pas compte de ces réalités claniques. A titre d'exemple, un projet de développement en milieu rural, quelles que soient son importance pour la population, son implantation et sa réalisation, doit tenir compte des avis des membres du clan où il est implanté. Ignorer certaines réalités comme l'occupation des terres claniques sans l'accord de ses membres reviendrait à exposer l'activité envisagée à l'échec.

A titre d'exemple, pendant notre séjour dans la zone, les habitants du village de Koma nous ont raconté que feu l'homme d'affaires DOKOLO, fils et ressortissant de la zone avait implanté un élevage de boeufs dans le village de Koma, groupement de Tadila. La négociation pour l'occupation des terres avait été faite avec les membres du village voisin de Kimaza non propriétaires légaux des terres destinées à cet élevage. La population de Koma avait exprimé son mécontentement de l'occupation illégale de ses terres. Un phénomène curieux est survenu après un certain temps: les boeufs ont attrapé la folie, ce qui a causé l'abandon de cet élevage. Dans leurs conversations, les ressortissants du village de Koma n'hésitaient pas de se réjouir d'avoir ensorcelé les boeufs de DOKOLO...

L'importance du clan dans la zone est caractérisée par son emprise quotidienne sur ses membres. Un membre du clan peut même oublier son appartenance tribale ou ethnique, mais jamais il ne peut oublier son appartenance clanique, car cette dernière est son identité et sa référence.

En effet, tous les membres se réfèrent au clan dans presque toutes les circonstances importantes de la vie et ce, comme on le recommande: « V*ilakana makulu kansi kuvilakana kanda diaku ko* » (*Tu peux tout oublier sauf ton clan*).

Le drame de la génération actuelle est la tendance à perdre son identité clanique comme le confirme Pfarrer Frohlich : « *Our identity is lost and that is the most important thing that can be taken away from somebody. It could take more than a decade to recover it* » [56].   Par exemple, on se réfère toujours au clan comme groupement ou ensemble des « *bana ngudi* » dans les cas ci-après :

- Mariage: la dot est partagée entre tous les membres du clan (*besikanda*);
- Décès : l'individu étant protégé par le clan, il y a toujours, en cas de décès, une inquiétude, ce que quelqu'un a été complice et a permis ou autorisé le décès de l'individu. Les « *bana Ngudi* » et l'ensemble de « *besi kanda* » doivent se regrouper autour du chef de clan (*mfumua kanda*) lors d'un « *kinzonzi* » (palabre) pour examiner la cause du décès.
- Problèmes conjugaux : quand un problème survient dans le foyer (par exemple, la femme ne conçoit pas), on se réfère au clan pour régler la question;
- Maladie : en cas de maladie qui ne se termine pas, le clan protège et sécurise l'individu;
- Conflit de terre : pour régler un litige foncier, c'est le clan qui se défend.

---

[56]   J. KYNGE, China Shakes the World, Ed.Houghton Mifflin Co, New York, 2006, p.3.

b) Le sol a un lien intime et indissoluble, voire sacré, avec le clan (comme ensemble des « *ngudi* »). Le clan et la terre (espace physique) qu'il occupe constituent une chose indivise. La terre, comme domaine ancestral, est la propriété des « *Bakulu* » (ancêtres) qui l'avaient conquise et dont les membres du clan gardent la propriété. En plus, la terre ne se vends pas suivant le principe qui dit : « *na teka ntoto kitukidi ngiungani* » (Si tu vends la terre, tu deviens vagabond, sans lieu fixe), ou encore « *na teka ntoto tekele moyo* » (si tu vends la terre, tu vends ton existence). Les membres du clan ont le devoir de la défendre, de la protéger et de l'exploiter économiquement. Nous saisissons ainsi la nécessité profonde et naturelle de faire asseoir le processus du développement sur les communautés géo-ethniques, tribales et claniques comme le propose le modèle monade de développement. On comprend dès lors l'importance du village dans la structure monadique en tant qu'espace physique où le clan est identifié et localisé. Quand on parle du clan, on se réfère au village comme lieu d'identification et aux terres comme patrimoine auquel il est associé.

Ainsi, le village est le lieu où est identifié le clan, et aussi le point de départ de l'organisation de toute action du processus de développement, comme le préconise le modèle monade de développement. En effet, le village est le centre de l'organisation socio-politique et économique de la structure monadique de base du développement. Il est habité par les membres des différentes familles (groupe familial nucléaire) et du clan, tous unis par une liaison monadique bien spécifique, par exemple, lien de parenté ou liaison monadique de « *kitata* » (paternité), « *kimama* » (maternité), « *kinkuezi* », « *kimpangi* » (fraternité), « *kizitu* », « *kikundi* » (amitié), etc. Le village peut aussi être habité par une personne étrangère, un commerçant ou un prêtre par exemple. Dans ce cas, la liaison monadique qui pourra caractériser cet étranger sera, par exemple, un lien d'amitié (*kikundi*) ou un lien de travail (*kisalu*). A partir du village comme espace d'identification de la famille et du clan (espace géo- familial et clanique), les différentes liaisons monadiques peuvent s'étendre de la famille et du clan à d'autres structures monadiques comme la tribu et l'ethnie. Il convient de comprendre ici le rôle et l'importance des différentes liaisons monadiques pour la consolidation des espaces géo-familiaux et claniques, d'abord, tribaux et ethniques, ensuite. L'extension de ces différentes liaisons monadiques au-delà des différents espaces géo-ethniques permettra la consolidation et l'édification de la nation-Etat au-delà duquel on peut envisager les espaces supra-nationaux et continentaux. Il faut donc noter, à chaque niveau de la structure monadique (famille, clan, tribu, ethnie), l'importance capitale de l'élément sol comme facteur déterminant d'identification. Ainsi expliqué, suivant le modèle monade de développement, le sol (ressources et patrimoine), le village (espace géographique et physique) et le clan (communauté familiale et clanique) sont indissociables. D'ailleurs, c'est la même acuité que nous constatons, au niveau de la Nation-Etat quand il s'agit de revendiquer l'intégrité territoriale. C'est autour de ces trois éléments, le clan, sol et village, qu'est bâtie la structure monadique familiale, clanique, tribale et ethnique. Ces différentes structures sont consolidées par les différentes liaisons monadiques que nous allons expliquer ci-dessous.

1.7.3. LE MODELE MONADE DE DEVELOPPEMENT ET L'ORGANISATION GEO-SPATIALE DES COMMUNAUTES

Suivant le modèle monade de développement, le découpage du territoire national est fonction de l'unité culturelle des communautés. Celles-ci occupent des espaces géo-claniques, tribaux et géo-ethniques qui constituent en fait des unités ou sous-unités de développement, des cellules ou sous-cellules, des zones ou sous-zones de développement et des régions ou sous-régions de développement. Dans le cas de l'espace géo-ethnique Kongo, qui constitue une région de développement, nous distinguerons différentes zones et sous-zones de développement, cellules et sous-cellules dans lesquelles sont groupées différentes unités communautaires de base (monades) qui, en fait, sont des communautés de développement. En considérant les espaces géo-culturels ethniques et tribaux comme des régions et zones de développement, le modèle monade de développement marque une différence très nette entre la conception de zone ou région de développement jusqu'ici proposée par d'autres auteurs comme François Perroux, Kankwenda, le BEAU (Bureau d'Etudes et d'Aménagement Urbains) et Drachoussoff comme nous aurons à le constater ci-dessous. C'est le cas, par exemple, de notre zone d'étude de Mbanza-Ngungu où, suivant le modèle monade de développement, on distingue, la zone de développement des Bandibu, qui comprend différentes sous-zones de développement telles que la sous-zone de développement des Bandibu de Kimpese, celle des Bandibu de Kasi, de Mbanza-Ngungu, etc. Il en est de même de la zone de développement des Besingombe avec ses différentes sous-zones et unités de développement. Pour notre zone d'étude, la zone rurale de Mbanza-Ngungu, il est important que les caractéristiques de l'espace étudié soient déterminées, c'est-à-dire sa géologie, son climat, son relief, sa population et sa culture. Elles permettront de définir les unités géographiques. Dans le contexte de notre étude, la zone ou la région de développement est entendue comme une unité de développement qui englobe deux dimensions, à savoir « *la nature des activités ou facteurs de développement (facteur physique, démographique, etc.; et l'unité de vie socio-économique et culturelle* », c'est-à-dire l'espace géographique qui peut être le pays, la province, la région ou la sous-région, la zone, ou la sous-zone, la localité ou la sous-localité, le groupement ou le sous-groupement, le centre d'influence, le foyer, l'ensemble ou le sous-ensemble, etc.

Dans ce contexte, l'unité de développement à analyser ou à étudier est l'espace homogène dans son entier, incluant tous les autres sous-espaces homogènes. Cet ensemble homogène est entendu ici comme l'espace géo-ethnique, tribal, clanique, familial, qui peut s'apparenter au village, à la localité, au groupement, à la collectivité, au district, à un foyer de développement, etc. C'est pour cette raison que le processus de développement par le bas préconisé par le modèle monade de développement exige *d'abord que soient identifiés les types d'espaces capables de le propager.* Il s'agit, dans ce cas, des espaces géo-claniques, tribaux et ethniques homogènes que nous avons définis comme des zones ou sous-zones, régions et sous-régions de développement. Il s'ensuit, à la lumière du modèle monade de développement, que l'espace culturel Kongo est une région de développement qui englobe des zones de développement comme l'espace géo-tribal Bandibu, Bantandu, Besingombe, Bamanianga, Bayombe, etc. Il va de soi que chacun de ces espaces comportent des sous-zones de développement comme l'espace géo-tribal « Ndibu de Kimpese », de Kasi, de Mbanza-Ngungu, etc. dans lesquels on retrouve des cellules de développement géo-claniques au sein desquels sont groupés des unités communautaires de base « ngudi et mawuta » (monades).

1.7.3.1.   L'ORGANISATION DE LA ZONE DE DEVELOPPEMENT DE MBANZA-NGUNGU

Notre modèle monade de développement exige que le processus de développement soit initié au niveau de la structure de base, en l'occurrence le village comme espace physique, pour s'intégrer au niveau global de la zone, de la région et du pays suivant l'espace géo-ethnique ou tribal considéré. La raison est que le processus de développement ne peut se faire au détriment des réalités locales : il doit se faire en ayant une bonne compréhension de ces réalités. Dans le cadre de notre étude, l'espace géo-ethnique Bakongo qui constitue une unité culturelle se répartit en différentes communautés dont les « Besingombe », « Bantandu », « Bandibu », « Bamanianga », « Bayombe », ... et leurs sous-groupes comme les « bandibu de Kimpese », de Mbanza-Ngungu, de Kasi, de

Kwilu-Ngongo, etc., à l'intérieur desquelles on peut distinguer différentes communautés monadiques.

L'espace geophysique et la localisation de ces différentes communautés constituent, comme nous l'avions spécifié ci-haut, des sous-régions ou sous-zones homogènes de développement dont les programmes de développement respectifs doivent être conçus et exécutés au niveau de la structure monadique de base, c'est-à-dire l'unité communautaire de base (monade). Dans le cas spécifique de la zone étudiée et selon le découpage du modèle monade de développement les zones de développement se présenteraient de la manière suivante:

a) la zone de développement des « Bandibu » : elle comprend l'espace géo-physique qui couvre le centre sud du district des cataractes de part et d'autre de la route et de la voie ferrée Matadi-Kinshasa. Cette première zone de développement se subdivise en d'autres sous-zones de développement comme la sous-zone de développement des Bandibu de Kimpese; celle des Bandibu de Kasi, des Bandibu de Mbanza-Ngungu, de Kwilu-Ngongo, de Tumba, de Bangu, etc.;

b) La zone de développement des « Besingombe » : elle occupe l'espace géo-physique qui couvre la partie Nord du Territoire de Mbanza-Ngungu limitée à l'Est par la Rivière Inkisi. Cette zone se répartit en deux grandes sous-zones de développement, à savoir celle de Gombe-Matadi (*Ngombe za ntandu*) et celle de Timansi (*Ngombe za ndimba*);

Dans l'espace géo-culturel Kongo, les sous-régions et zones suivantes de développement peuvent être citées:

a) La zone de développement des « Manianga » : elle comprend l'espace géo-physique situé sur la rive droite du fleuve Congo dans le Territoire de Luozi et sur la rive gauche dans la partie Nord du secteur de Wombo. Elle se subdivise en d'autres sous-zones de développement suivantes : Luozi, Kinkenge, Kasi (manianga de Kasi) et Mongo-Luala ;

b) La sous-région de développement du Bas-fleuve : elle se subdivise en cinq zones de développement occupées par les communautés ci-après : Bayombe (qui peuplent les territoires de Tshela, Lukula et Seke-Banza), Basolongo, Bakongo de Boma, Bawoyo, et Basundi (secteur de Tsundi-Sud dans le territoire de Lukula);

c) La sous-région de développement de la Lukaya est constituée d'une zone et d'une sous-zone de développement. La zone de développement du groupe Kongo comprenant les sous-zones de développement des Balemfu, Bantandu, Bampese, Bambata et Bazombo. La sous-zone de développement du groupe Teke comprenant les sous-zones de développement des Bateke, Bahumbu et Bafununga.

L'illustration de l'application du modèle monade de développement dans la zone de Mbanza-Ngungu nous est donnée dans la création de l'Université Kongo (UK) dans l'espace culturel Kongo. Cette université est la manifestation de la volonté des fils « Ne Kongo » en général mais cela n'a pas empêché la création de l'Université Libre de Luozi par Mahaniah, un fils de la communauté des « Manianga », ni de l'Université Protestante de Kimpese (UPK) par la communauté protestante et l'Université Joseph Kasa-Vubu (UKV) à Boma par les ressortissants du Bas-Fleuve, devenue maintenant une université publique. Si cela est la manifestation de l'intérêt exprimé par ces différentes communautés, cet intérêt doit être pris en considération dans le processus de développement.

1.7.3. LE MODELE MONADE DE DEVELOPPEMENT ET LE DEVELOPPEMENT SPATIAL

L'espace physique régional ou sous-régional (niveau de la région ou de la zone) occupé par la famille, le clan, la tribu ou l'ethnie a l'avantage d'être souvent assez homogène car ils partagent la même culture et le même passé historique. On note aussi quelquefois la même homogénéité en ce qui concerne les activités économiques comme la fabrication du « *fufu* » (manioc séché) chez les bandibu; ou la préparation des chikwangues chez les bantandu de Madimba. Il en est de même de la fabrication du vin en Bourgogne et du fromage en Alsace, etc.). Ces spécificités économiques et culturelles sont souvent fonctions des potentialités du milieu naturel, qui favorisent et conditionnent ces activités (ressources naturelles, climat, etc.). Il peut paraître fastidieux que chaque communauté clanique, tribale et ethnique conçoive et réalise le processus de développement de ses espaces spécifiques à partir des communautés villageoises.

Il s'agit d'asseoir le processus de développement sur les villages, espaces regroupant les communautés monadiques pour s'étendre vers d'autres espaces comme la zone, la région et le pays. C'est le chemin à suivre et que nous proposons au terme du modèle de développement que nous proposons. Dans le cas de la RDCongo, quelques exemples qui illustrent notre démarche peuvent être cités, en l'occurrence les universités communautaires comme l'Université Kongo (UK), les groupements socio-économiques comme CODEKOR pour le développement du Kasaï Oriental et tant d'autres exemples comme les groupements culturels ALIBA (Alliance des Bangala). Au delà de la manipulation politique qu'il faut reconnaître dans le second cas, ces groupements peuvent mobiliser leurs membres pour le développement de leurs espaces géo-physiques et culturels. Le développement des communautés ethniques ou tribales doit aboutir à un assemblage ou à une mosaïque des régions et zones de développement qui doivent interagir. C'est le cas de la Wallonie et de la Flandre, qui constituent au départ des communautés linguistiques occupant des espaces géo-physiques différents et séparés mais dont l'ensemble des espaces forme, au plus haut niveau d'intégration, un espace géographique et physique appelé Belgique. Ces deux espaces ethniques, qui constituent des régions économiques interdépendantes et complémentaires, interagissent dans le respect de leurs cultures spécifiques. Les programmes de développement de la Wallonie et de la Flandre sont élaborés selon leurs spécificités culturelles et de leurs intérêts spécifiques mais ils s'intègrent dans le programme global de développement de l'espace géo-physique que constitue la Belgique (pays), comme espace national. L'Afrique aura beaucoup à gagner, croyons-nous, à susciter le développement à la base suivant le modèle monade de développement que de se voir imposés des programmes de développement qui, en réalité, sont des programmes de mal-développement, conçus et réalisés en fonction des intérêts des bailleurs de fonds et donc au détriment des communautés locales. A ce sujet, une route sans connexion locale, ni régionale sera vite construite même en pleine zone inhabitée, parce qu'elle va permettre à un centre d'exploitation minière de fournir des matières premières à l'industrie du pays donateur des capitaux et dont les produits finis reviendront au pays exportateur à des prix exorbitants, qui les rendent inaccessibles aux populations autochtones.

Dans le même ordre d'idées, en RD Congo, on a réussi à faire passer le courant d'Inga du Bas-Congo à la Zambie avec possibilité de connexion avec d'autres pays africains, mais le paysan congolais, qui voit passer cette ligne de haute tension sur son village, n'a aucune possibilité de la voir un jour alimenter son village en courant électrique, en raison du coût des installations que cela exigerait. S'il avait été demandé aux paysans congolais de choisir, leurs avis auraient milité pour une ligne haute tension qui leur ouvrirait des possibilités de connexion. La plupart des projets (programmes) de développement ou d'industrialisation sont conçus et décidés d'en haut au niveau national et souvent même en dehors du pays et sans aucun respect pour les prétendus bénéficiaires des programmes envisagés. La conception des programmes de développement au niveau national ne tient pas souvent compte de la hiérarchie des niveaux d'intégration et d'action tels que spécifiés par le modèle monade de développement. Cela a pour conséquence de retarder ou, pire, de bloquer le processus de développement. En effet, l'inarticulation des intérêts au niveau de la population ne fait que compliquer les choses. Le haut-fonctionnaire avide de toucher des commissions du bailleur de fonds privilégie son intérêt personnel par rapport à celui de la communauté. Une telle attitude est inconcevable au niveau du village, en général, et en milieu rural, en particulier. Dans l'espace géo-ethnique Kongo, la vocation du chef du village, de surcroît, chef du clan est celle de veiller d'abord et avant tout à l'intérêt du village (clan) et de ses habitants. La concertation qui vise la consultation de ses membres est la procédure généralement utilisée pour la prise de décision dans toutes les matières qui engagent la vie ou l'intérêt du village et de ses membres. Faire asseoir le processus de développement sur un niveau d'action et d'analyse qui offre les perspectives et les assurances d'oeuvrer pour l'intérêt du groupe comme le village constitue déjà une garantie supplémentaire de réussite du programme de développement. La raison est que le village est l'espace physique où se retrouve regroupées différentes communautés familiales et claniques partageant et défendant en principe les mêmes intérêts familiaux et claniques. Au niveau national, l'intérêt du groupe est souvent minimisé et peu défendu, car le fonctionnaire ou le responsable politique ou administratif est souvent anonyme. On ne peut pas en dire autant du chef du village ou du clan. Un chef du village ou du clan, qui a été reconnu coupable d'avoir été corrompu ou manipulé et avoir agit pour son intérêt personnel, est souvent passible des pressions sociales du groupe auquel il ne peut échapper.

A ce niveau d'action du village, comme groupement des unites monadiques (familles et du clan), l'intérêt de la communauté, c'est-à-dire du groupe, est plus contraignant que l'intérêt personnel. Cette pression sociale constitue une garantie et une sécurité pour l'intérêt du groupe. En règle générale, on note très peu de cas où le chef du village et du clan a trahi les intérêts de la communauté étant donné qu'il est investi pour veiller d'abord aux intérêts qui regroupent les vivants et les morts. Cet aspect de la question de la primauté de l'intérêt du décideur au niveau local et national est souvent négligé dans le processus de développement. Or, l'africain est très attaché à ses origines familiales, claniques, tribales et ethniques. Il acceptera facilement que les terres des autres clans, tribus ou ethnies soient vendues ou spoliées mais s'opposera à la spoliation des terres (espaces) de ses ancêtres, de sa famille et de son clan, de son village. Au niveau national, il signera facilement cette spoliation des terres d'autrui mais s'engagera à défendre les terres de ses origines. Le niveau d'action et d'analyse du village est souvent ignoré des hommes politiques quand il s'agit de décider sur les intérêts économiques des communautés rurales. Cependant, le niveau village revêt son importance aux yeux des hommes politiques quand il s'agit de solliciter l'accord des populations pour se faire élire aux législatives. Chacun, en ce qui le concerne, développe des arguments et promesses pour faire valoir le rôle du chef du village, etc. Il faut préciser que le modèle monade de développement ne favorise pas le développement ou l'ascension du tribalisme, du régionalisme ou du communautarisme dans leurs aspects négatifs. Il encourage plutôt le processus de développement à partir des espaces géo-physiques et géo-culturelles des communautés claniques, tribales et ethniques. En effet, comme elles partagent les mêmes intérêts et les mêmes aspirations, leur adhésion au processus de développement est en principe facilitée par la cohésion clanique, tribale et ethnique. Le processus de développement étant un processus de participation et d'adhésion des populations aux différents programmes et actions de développement à entreprendre, il s'avère nécessaire d'encourager et de cibler le lieu où la cohésion et l'unité d'intérêt peuvent facilement être acquises. C'est le cas de l'espace du niveau d'action village, qui offre tant bien que mal cette communauté d'intérêts. Sur cette base, le développement est synonyme de liberté : il devient possible de refaire des choix et de se redéfinir par rapport aux autres réalités et spécificités politiques, économiques et culturelles des différentes communautés concernées.

Toutes les réalités, celles qui nous intéressent et les autres, doivent s'intégrer dans un plan global de développement de l'espace géo-physique et culturel concerné, qui peut être le pays, la province, le territoire, le district, la zone, la région, le groupement, la chefferie, le village etc. dans une sorte d'articulation harmonieuse. Le modèle monade de développement proposé circonscrit un cadre, une réalité mais son application nécessite la définition d'une politique, des stratégies et des programmes de développement.

1.8. LES AUTRES THEORIES ET CONCEPTS APPARENTES

Les autres théories et concepts apparentés au modèle monade de développement sont les suivants : l'interaction entre le développement conscient et le modèle monade de développement ; le modèle monade de développement et la théorie de pôle de développement ; ainsi que le modèle monade de développement et le développement endogène.

1.8.1. L'INTERACTION ENTRE LE DEVELOPPEMENT CONSCIENT ET LE MODELE MONADE DE DEVELOPPEMENT

« Chaque homme, chaque peuple est responsable de son progrès. Chacun demeure, quelles que soient les influences qui s'exercent sur lui, l'artisan principal de sa réussite et de son échec »[57], c'est-à-dire de son développement, mais cela doit être bien compris par l'individu, la communauté familiale, clanique, tribale ou ethnique grâce à l'éducation. Cela implique la coopération avec les autres groupes et communautés mais comme le souligne Hunter, « *we need to cooperate. But, almost at once, we start to argue about how we might best go about cooperating* »[58]. C'est ainsi que le développement conscient et le modèle monade de développement se rejoignent et forment un système de pensée et d'action interdépendant et complémentaire grâce à l'action éducative. Par ailleurs, le modèle monade de développement se base sur la structure élémentaire de développement pour évoluer vers des grandes structures. En fait, la logique de ce modèle est celle qui nous est inspirée par la nature elle-même.

Cette dernière se construit toujours à partir des petites structures élémentaires comme, par exemple, la cellule comme unité fonctionnelle de la vie, la source d'eau ou d'un ruisseau comme origine des mers et océans,... Suivant le modèle monade de développement, le développement vu au niveau national, c'est la résultante du développement des petites communautés familiales, claniques, tribales ou ethniques dans leurs espaces géo-physiques respectifs. Des enquêtés en sont convaincus, selon leurs propres dires: « *ovo mavata ma tomene, nsi mpe siya to*ma », c'est-à-dire « *si les villages se développent, le pays aussi va se développer* ». C'est ainsi que le processus de développement doit être conçu, initié et exécuté au niveau de la petite communauté de base (village), pour évoluer progressivement au niveau régional, national et transnational. Par ailleurs, c'est la même structure d'hiérarchisation des niveaux d'analyse et d'action qui caractérise aussi les deux concepts. En effet, le modèle monade de développement préconise un développement qui privilégie d'abord et avant tout un plan de développement local à partir de la structure monadique de base,

---

[57] PAPE JEAN PAUL II, op.cit., p.12.
[58] L. HUNTER, op.cit., p.4.

c'est-à-dire le village (espace géo-familial ou clanique), ensuite au niveau de la zone ou de la région de développement (espace tribal ou ethnique) et enfin au niveau du pays (espace national et sub-national). Il est le contraire d'un développement qui est conçu d'en haut (national) comme cela est de tendance actuelle dans nos pays. Par exemple, une route dite d'intérêt national, l'est dans la mesure où elle est branchée sur d'autres petites routes d'intérêt local ou régional, qui doivent former un réseau routier. Puisqu'il faut solliciter la participation des populations, on peut se demander s'il ne serait pas aisé de consulter ou de faire participer les chefs des villages (des clans) et de groupement à l'élaboration du programme de développement de la zone, de la région et du pays. Cette manière de faire a l'avantage de susciter l'intérêt et la participation, et de promouvoir le développement, car elle permet aux communautés d'exprimer leurs aspirations profondes et leur volonté.

1.8.2. <u>LE MODELE MONADE DE DEVELOPPEMENT ET LA THEORIE DE POLE DE DEVELOPPEMENT</u>

Dans sa théorie de pôles de croissance, François Perroux, s'intéresse aux espaces ou régions qui offrent plus d'avantages que d'inconvénients en termes de facteurs de développement économique. L'idée principale de cette théorie est que le développement ne se manifeste pas de la même façon à tous les endroits. Certains endroits, plus favorables, peuvent avoir un effet d'entraînement sur d'autres régions. La notion d'espace, selon cette théorie, est plus centrée sur l'espace économique. Le modèle monade de développement ne contredit pas totalement cette théorie, mais elle marque sa différence en ce sens que l'espace considéré par le modèle monade de développement n'est pas seulement économique mais aussi et surtout culturel. En ce qui concerne le modèle monade, la localisation des facteurs économiques ne constitue pas un critère de décision indispensable pour le processus de développement, c'est plutôt la localisation des facteurs de développement dont font partie les facteurs économiques qui est déterminante. Il faut également noter que le critère d'homogénéité de l'espace se fonde sur l'unité culturelle et non sur les critères économiques. Ainsi, le modèle monade de développement s'apparente plus à une approche territoriale ou spatiale (espace géo-culturel) du développement qu'à une théorie de la croissance régionale préconisée par la théorie de pôle de développement. En fait, il est important de préciser que la théorie de pôle de développement est plus liée à la localisation des facteurs de développement ou de croissance. Dans la conception du modèle monade de développement, il y a une différence entre « Pôle de développement » et « foyer de développement ». En effet, la zone ou sous-zone peut constituer un pôle de développement dans lequel sont implantés des foyers de développement, c'est-à-dire des espaces ou des endroits qui offrent plus d'avantages en localisation des facteurs de développement. Il faut admettre que certains endroits, dans l'espace géo-ethnique ou tribal de la zone, offrent plus de facilités en termes de localisation des facteurs de développement que d'autres endroits de la zone. Par extension, le pôle de développement peut être considéré comme une monade, car c'est à partir de cette unité de développement que prend naissance le processus de croissance ou de développement. Le pôle de développement fonctionne à l'instar de l'unité communautaire de base proposée et soutenue par le modèle monade de développement.

En effet, l'impulsion du développement de cet espace, de cette zone ou sous-zone, région ou sous-région part de cette unité de développement (pôle ou foyer de développement concerné). La localisation des phénomènes de croissance, selon la théorie des pôles de développement (croissance), tient à la présence en certains points des facteurs qui favorisent l'implantation d'unités motrices. Or, l'unité motrice est définie comme une unité de production capable d'exercer sur d'autres unités des actions qui augmentent la dimension de ces dernières, qui modifient leurs structures, qui changent leur type d'organisation et qui suscitent ou y favorisent des progrès économiques. A ce sujet, François Perroux écrit: « *Le pôle de développement est l'unité économique motrice ou un ensemble formé de telles unités* »[59]. C'est cette notion d'unité motrice comme élément constitutif d'un pôle de développement qui fait que ce dernier s'apparente à la monade comme unité communautaire et culturelle de base de développement. En ce qui concerne la monade, l'élément communautaire seul ne suffit pas, il faut lui adjoindre impérativement l'élément culturel. Ainsi, l'espace géo-ethnique, tribal ou clanique est avant tout un espace communautaire et culturel qu'il faut considérer dans sa globalité et non seulement dans son aspect économique, car le bien-être recherché est celui qui est défini par la communauté. Il peut être matériel ou économique, mais aussi moral et spirituel. Par contre, la théorie de pôle de croissance (développement) insiste sur les facteurs favorables pour le développement économique et néglige un facteur aussi important qu'économique, à savoir le facteur culturel. Alors que l'espace communautaire ethnique, tribal, clanique et familial est lié à son espace géographique, *l'espace économique du pôle a aussi tendance à se confondre avec son espace géographique*[60]. La communauté peut refuser la modernité et vivre bien dans sa tradition, c'est le cas des peuples autochtones (pygmés). Ainsi, le modèle monade de développement s'appuie sur le village comme structure monadique de base pour l'analyse et l'action alors que la théorie de pôle de croissance insiste sur la localisation dans un espace géographique donné des facteurs de développement économique. Selon cette théorie, nous croyons savoir qu'une région pauvre restera toujours pauvre parce que ne présentant aucun intérêt économique.

---

[59] J. L. LACROIX, Industrialisation au Congo. La transformation des structures économiques, Ed. Mouton et Ires, Paris, 1967, p.95.

[60] J. L. LACROIX, op.cit., p.149.

Suivant la théorie des pôles de croissance, François Perroux recommandait la concentration géographique pour tirer parti des forces naturelles parce que, d'une part, « *le développement n'est pas un facteur de civilisation qui s'étend régulièrement sur un pays, et que, d'autre part, il apparaît en certains points stratégiques à partir desquels il peut désormais s'étendre* »[61]. A l'opposé, le modèle monade de développement insiste sur l'espace géo-tribal ou ethnique et s'appuie, en même temps, sur la monade comme unité communautaire et culturel de base. Il n'y a pas lieu de s'intéresser à un point stratégique mais plutôt à l'unité communautaire de base qui est la monade. Compris sous cet angle, le modèle monade de développement apparaît comme une théorie d'analyse spatiale. En effet, l'idée d'un développement reposant sur l'espace géo-culturel que préconise le modèle monade de développement admet des disparités des espaces géo-culturels. Il existe donc des différences dans le développement des zones et régions de développement, car chacune de ces zones et régions de développement ne démarre pas au même moment si l'on veut bien emprunter cette expression de Rostow dans sa théorie des étapes de croissance. Le modèle monade de développement, comme approche d'analyse et d'action, apparaît comme une critique à certains principes de la théorie de pôle de croissance qui vise essentiellement la rentabilité, les effets d'entraînement et la croissance. Cette théorie privilégie la présence des « forces naturelles », c'est-à-dire des facteurs économiques de développement favorables, notamment une dotation réelle en ressources exploitables (climat, eau, sol, sous-sol, etc.), qui déterminent le choix d'un pôle ou foyer de développement. L'homogénéité qui doit caractériser les zones et sous-zones de développement est déterminée par ces facteurs comme le précise Lebret : « *les facteurs «sol-climat-relief» déterminent une première homogénéité* »[62]. Dans le cas de la zone rurale de Mbanza-Ngungu et selon cette théorie, plusieurs sites offrent des avantages agricoles et peuvent faire l'objet d'un

---

[61] L.J. LEBRET, op.cit., p.204.

[62] L.J. LEBRET, op.cit., p.204.

foyer de développement agricole. Il s'agit de la crête de Mbanza-Ngungu/ Kimpangu, des environs de Mvuazi, des plateaux et pénéplaines de l'Est de Mbanza-Ngungu. Par contre, le modèle monade de développement s'appuie davantage sur l'homogénéité culturelle pour déterminer une zone ou sous-zone, une région ou sous-région de développement.

Par exemple, l'espace géo-tribal « ndibu » est une zone de développement qui se répartit en sous-zones homogènes de développement telles que la sous-zone de développement de l'espace géo-tribal « *Ndibu za Kimpese* », « *Ndibu za Mbanza-Ngungu* », « *Ndibu za Tadi* », etc. dans lesquelles on peut développer ou aménager différents foyers de développement suivant la spécificité de la location des facteurs de développement. On parlera alors de micro-foyer de développement agricole, éducatif, culturel, religieux, industriel, etc. Cette structure de développement préconisée par le modèle monade de développement se rapproche, tant par ses actes que par sa réalisation, de la base homogène (la monade) qu'elle constitue et dont l'unité culturelle est son fondement. Dans le cadre de l'espace géo-ethnique « Kongo », l'unité linguistique est déterminante. Cela est aussi vrai pour les autres espaces géo-ethniques ou tribaux, c'est-à-dire les régions ou zones homogènes de développement. Mais des éléments, autres que linguistiques, peuvent aussi caractériser l'unité culturelle de l'espace géo-tribal ou ethnique considéré. Comme nous le verrons dans la suite, cette structure du modèle monade de développement favorise, dans son application, la stratégie de développement par initiatives des communautés de base. En effet, cette stratégie de développement exige une certaine homogénéité de culture, d'intérêt, de pensée et d'action de la part de la communauté. Une communauté partageant une même culture et un même intérêt d'action est un facteur de développement. Il en résulte que l'homogénéité des régions et zones de développement proposée par le modèle monade de développement est un facteur déterminant du processus de développement.

1.8.3. LE MODELE MONADE DE DEVELOPPEMENT ET LE DEVELOPPEMENT ENDOGENE

La théorie du développement autocentré est une critique de la société de consommation des économies occidentales et se base sur la crise d'un modèle de développement fondé sur une grande échelle, les grandes organisations et la multispatialisation des phénomènes économiques[63]. C'est une critique soutenue par le modèle monade de développement. On peut démontrer que le développement ne peut plus être envisagé comme un simple processus de diffusion d'une croissance d'un « centre » vers la « périphérie », du Nord vers le Sud ou même, à l'intérieur d'un même pays, d'une région vers une autre. Aujourd'hui et surtout dans l'espace de nos pays, le modèle monade de développement, tout comme le développement endogène, apparaît comme une nécessité, car le modèle classique de développement apporte plus de désavantages que d'aspects positifs espérés par les communautés:

a) Dépendance accrue et sans contrepartie: l'industrialisation du pays basée sur les pôles de croissance (Kinshasa, Kisangani, Katanga) soutenue par des auteurs comme Kankwenda Mbaya a eu pour conséquence que pendant longtemps, l'économie de notre pays était dépendante de la province du Katanga par suite de son infrastructure d'extraction minière; il y a aussi, la dépendance des économies du Tiers-monde vis-à-vis des pays du Nord;

b) Pillage et gaspillage des ressources: les provinces du Kasaï font actuellement l'objet d'un pillage des ressources par l'exploitation artisanale du diamant, qui profite plus aux étrangers et aux hommes du pouvoir qu'aux ressortissants de ces régions;

---

[63] P. AYADALOT. op.cit, p.144.

c) Dégradation de l'environnement: les exploitants ne s'en soucient guère dans leur exploitation du diamant et du bois; c'est le cas, par exemple, de la recrudescence des érosions dans les villes du Kasaï; la déforestation de la forêt du Mayombe dans le Bas-Congo, etc.;

d) Pauvreté accrue: les populations des pays du Tiers-monde demeurent toujours pauvres alors qu'ils voient sans cesse leurs richesses quitter leurs pays. A Kinshasa et dans d'autres agglomérations, on manque des cercueils pour enterrer les morts et des bancs pour les écoles alors que des tonnages importants de bois sont exportés.

Le modèle monade de développement propose un schéma de développement à plusieurs niveaux d'analyse, d'intégration et d'action à partir de la monade, unité communautaire de base. Il se présente moins comme une théorie du développement régional que comme une approche nouvelle du processus de développement, car il propose le schéma du développement de l'espace national à partir des espaces ethniques, tribaux, claniques et familiales; un processus de développement partant d'en bas, c'est-à-dire de la monade, unité communautaire et culturel de base. Le modèle monade de développement s'oppose ainsi au développement fonctionnel et au « up-down », c'est-à-dire partant d'en haut vers le bas. Le développement endogène, on l'a vu, est un développement conçu par la population concernée et répondant de façon prioritaire à ses besoins et aspirations ainsi qu'aux réalités de son environnement social et naturel. En d'autres termes, il s'agit d'un développement non aliéné et auto-centré qui met l'accent sur un but. Toutefois, ce qui fait fondamentalement la différence entre ces « concepts » et celui de développement endogène, c'est précisément le mot endogène signifiant ce qui a une origine interne[64]. Par rapport aux autres notions, le concept de développement endogène doit

---

[64] R. M. MBAYA, op.cit, p.11.

sa richesse et les promesses de son avenir au fait qu'il réclame d'asseoir réellement le développement d'une nation ou d'un peuple sur ce qui lui est propre, tandis qu'ailleurs, consciemment ou non, le paternalisme préside à la conception et à la pratique du développement des tiers, faisant de l'idéologie, de la science et de la technologie des instruments de domination ou d'aliénation[65]. Il ressort de ce qui précède que le modèle monade de développement et le développement endogène ont un dénominateur commun dans la mesure où ils se réfèrent tous aux valeurs culturelles comme élément fondamental mais pas comme le seul déterminant du processus de développement. Cependant, si le développement endogène met l'accent sur l'origine interne du processus de développement, elle ne précise pas cette origine interne. Le modèle monade de développement précise cette origine interne, le schéma et la voie pour y parvenir. En effet, le modèle monade de développement s'appuie davantage sur une approche spatiale du développement alors que le développement endogène n'est pas seulement une façon d'analyser la réalité, mais aussi un projet d'action dont les réponses sont à rechercher dans plusieurs directions: les découpages territoriaux les mieux adaptés, le choix des formes d'action et la définition des politiques[66], comme le propose le modèle monade de développement avec le découpage de l'espace national en différents espaces géo-claniques, tribaux et ethniques. Par ailleurs, soutenu par le développement endogène et proposé par le modèle monade de développement, « *le développement exige d'abord que soient identifiés les types d'espaces capables de le propager* »[67].

---

[65]   R.M. MBAYA, op.cit., p.11.

[66]   J. L. GUIGOU, Coopération intercommunale et développement par la base dans « Le développement décentralisé », LITEC, 1983, cité par P. AYDALOT, op.cit., p.149.

[67]   P. AYDALOT, ibid, p.146.

1.9. LES SPECIFITES SOCIO-CULTURELLES

Nous examinons ci-dessous les spécificités socioculturelles sur lesquelles le modèle monade de développement s'appuie : le modèle monade de développement et l'unité culturelle et géo-ethnique ; et quelques aspects monades du développement conscient au regard de l'éducation traditionnelle dans la zone.

1.9.1. LE MODELE MONADE DE DEVELOPPEMENT ET L'UNITE CULTURELLE ET GEO-ETHNIQUE

Il est important d'insister et de préciser la différence entre l'unité culturelle et l'unité géo-ethnique, tribale ou clanique. Ce qui différencie les peuples en général et les communautés ethniques ou tribales en particulier, « c'est essentiellement leurs cultures respectives. La culture, faut-il le souligner, est l'origine ou la source des valeurs pour un peuple, un groupe »[68], une communauté ethnique, tribale ou clanique. Cependant, il n'est pas surprenant de constater que deux ethnies ou tribus ou clans partagent ou affichent un même comportement culturel bien qu'ils ne partagent pas un même espace géo-ethnique ou tribal. Ainsi s'établit la différence soutenue dans cette recherche, à savoir l'unité culturelle est celle qui caractérise les différentes communautés habitant ou partageant un espace géo-physique donné. A ce titre, les « *bangala* », qui habitent le Bas-congo depuis des générations et qualifiés de « *Ngala za Kinsuka* », partagent aujourd'hui un comportement culturel semblable ou mieux encore identique à celui des bakongo.

C'est là un exemple d'une unité culturelle dans un espace géo-éthnique ou tribal donné. Comme le dit Steven, « *Cultural norms have a big influence*

---

[68] R. M. MBAYA, op.cit, p.11.

on the way people live.. . »[69]. Ces « *ngala za Kinsuka* » appartiennent biologiquement au groupe « *Bangala* » mais ils manifestent un comportement culturel très différent de ceux des autres « *bangala* » occupant l'espace géo-ethnique « *bangala* ». Ils sont aussi différents des Bangala qui, hors de leur espace géo-ethnique ou tribal d'origine, ont gardé et manifestent un comportement culturel propre aux « *bangala* ». Par contre, comme relevé ci-dessus, le comportement culturel des « *ngala za Kinsuka* » n'est pas différent de celui des « *bakongo* » de l'espace géo-ethnique ou tribal qu'ils occupent. Ainsi, le modèle monade de développement privilégie les communautés qui partagent un même espace et comportement culturel semblable ou identique, de même qu'il favorise les communautés qui partagent une même culture et constituent des communautés d'intérêts dans un espace géo-ethnique ou tribal spécifique. C'est la raison pour laquelle nous avons préféré identifier l'espace géo-éthnique ou tribal ou clanique dans notre étude comme une région ou sous-région, une zone ou sous-zone de développement dont les critères de qualification sont différents d'une zone ou région économique[70]. On peut se demander s'il est possible d'isoler une région ou sous-région de développement d'une région ou sous-région économique. Si l'on considère le développement comme le fait d'améliorer les conditions de vie des individus, sur tous les plans et de manière intégrée et simultanée, on pourrait se demander à quel moment et de quelle manière l'on peut distinguer les critères de qualification d'une zone de développement de ceux d'une zone économique. Des critères de qualification peuvent être utilisés pour distinguer une zone de développement d'une zone économique. Une zone de développement peut correspondre à une zone économique, tout comme une zone de

---

[69]   S.E. LANDSBURG, More Sex is Safer Sex. The Unconventional Wisdom of Economics, Ed.Freepress, New York, 2007, p.63.

[70]   Pour rappel, une zone de développement d'après Michel Valente est une région dans laquelle il a été décidé de favoriser par diverses mesures l'implantation d'industries et la création d'emplois. (Michel Valente, Dictionnaire Economie-Finance, Dalloz, Paris, 1993, op.cit., p.657).

développement peut englober une zone économique. On peut utiliser les infrastructures sociales et économiques comme critères de qualification : la localisation et la concentration des entreprises de production des biens et des services peuvent délimiter une zone économique. Celle-ci peut être située au centre ou à côté d'une zone de développement constituée d'ensembles urbanisés dotés uniquement d'infrastructures sociales.

On peut aussi identifier une zone économique à une zone où se déroulent des activités économiques, c'est-à-dire la production, la vente et l'achat des biens et services. Une zone de développement peut être définie comme une zone en développement qu'il faut tirer de la pauvreté. Dans ces conditions, les deux zones ne correspondent pas du tout. Tout dépend donc de la définition qu'on donne aux termes. Parmi les critères de qualification d'une région ou zone de développement, nous citerons l'espace géo-ethnique ou tribal, l'unité culturelle de cet espace, l'unité linguistique, la structure sociale, etc. D'une manière concrète, l'espace géo-ethnique (Kongo) ou géo-tribal (Bandibu) ou « *ndibu za Kimpese* » par exemple, sont respectivement qualifiés de région de développement Kongo, zone de développement Bandibu et sous-zone de développement « *bandibu de Kimpese* », etc. La structure monadique de développement intègre l'unité communautaire de base (la monade) et dont les membres appartiennent à une famille. Cette monade fait partie d'un clan qui se trouve intégré dans une tribu et une ethnie. D'autre part, la monade comme unité communautaire de base est identifiée dans un espace géo-physique qui se matérialise suivant une subdivision:

- politico-administrative (village, chefferie, secteur, territoire, district, province, pays, continent; monde ;
- géographique (sous-zone ou zone, sous-région ou région);
- géo-culturelle (espace culturel kongo, luba, lunda, ngala).

L'aire d'influence culturelle peut dépasser l'espace politico-administratif ou géographique. C'est le cas de l'aire géo-culturelle Kongo qui dépasse l'espace politico-administratif du Bas-Congo, car cet espace géo-culturel s'étend sur une partie du Bas-Congo, de l'Angola, du Congo-Brazza, du Gabon, Cameroun, etc. Dans ce contexte, l'initiation des programmes de développement nationaux et transnationaux obéirait à la même logique. Il n'est pas étonnant que les Ne Kongo d'Angola, de la RDC, du Congo-Brazza s'associent un jour pour créer une université commune, ... à l'instar de l'espace francophone au niveau mondial. C'est ainsi que dans le cas de notre pays, la souplesse dans la conception d'un programme de développement librement accepté consiste à concevoir le programme en question partir de la base ethnique, tribale ou clanique comme le propose le modèle monade de développement. Il s'ensuit qu'il faut toujours connaître l'histoire de la communauté et de ses contacts culturels (liaisons monadiques) avec les autres communautés, à l'image des « *nsinga mia nkalu* » (les tiges de calebasse).

Un des éléments qui appuient notre critère d'identification de l'espace géo-clanique ou tribal ou ethnique, c'est-à-dire la région ou la zone de développement, c'est l'organisation sociale des communautés, qui constitue en fait un cadre qui permet à la communauté tribale ou ethnique de se situer par rapport à l'ensemble des autres communautés tribales ou ethniques qui composent la région, la zone, le pays, etc. Les contraintes sociales des différentes communautés, qui constituent les communautés tribales ou ethniques, exigent d'envisager différemment le processus de développement. Et comme la culture, « c'est la façon de vivre d'un peuple », la réalisation d'un programme de développement dans l'optique du modèle monade de développement est liée à l'analyse de la communauté tribale ou ethnique concernée, c'est-à-dire l'étude préalable de ses structures géophysiques, l'ensemble des comportements-types associés, des idéologies et des croyances qui justifient, expliquent ou initient ces comportements ainsi que des objets matériels en usage dans la communauté. Par exemple, ignorer la sorcellerie dans le cas du comportement d'un mukongo, c'est ignorer une partie importante de la culture Kongo. Vouloir remplacer le « *lukamba* »[71] utilisé par le tireur de vin de palme « *mukongo* » par une corde, si dure soit-elle ou tout autre instrument, comme cela se pratique ailleurs pour monter dans un palmier, nécessite une concertation préalable et surtout une compréhension et une collaboration des individus concernés. L'identité et l'unité culturelle sur lesquelles s'appuie le modèle monade de développement nécessitent aussi l'étude ou la compréhension de la relation entre l'individu et sa société, entre les normes ou règles de chaque société ou communauté ethnique et leurs réalisations. En effet, chaque culture donne une réponse à un problème de la vie de la communauté, et cette réponse varie selon l'environnement particulier de la communauté, comme les idées que se font les individus sur le sens du développement ou du progrès ainsi que sur les organisations ou structures (économiques, politiques, religieuses, juridiques, etc.) mises en place pour régler les rapports humains à l'intérieur de chaque communauté. Le modèle monade de développement insiste donc sur la différence des cultures des communautés parce qu'un modèle unique de développement n'existe pas. Il existe une différence de culture entre les communautés d'un espace géographique donné au niveau d'un même pays et ce, à cause de l'histoire et de l'environnement de chaque communauté.

L'histoire du peuple Kongo est différente de celle du peuple Mongo, l'environnement physique du peuple Kongo (savane) est différent de celui des Libinza (peuple riverain), etc. Toutefois, à l'intérieur du peuple Kongo, les disparités ne manquent pas tant du point de vue de l'environnement, de l'espace physique que du point de vue de l'espace

---

[71]   Lukamba, c'est l'instrument (rachis de palme) dont se sert dans le Bas-Congo le tireur de vin de palme pour monter dans le palmier. Ailleurs, à Kisangani par exemple, on se sert d'une corde pour monter dans un palmier.

culturel et humain. C'est le cas des Bayombe (environnement forestier), des Asolongo (environnement montagneux). Du point de vue humain, on note que les « bandibu » sont reconnus être d'un tempéramment agressif. Cet adage le confirme: « *Mbele ya mundibu kayi vayikanga mpamba ko* » *(Le couteau d'un mundibu ne sort pas pour rien)*. Cela signifie que si un mundibu sort un couteau au cours d'une bagarre, il doit atteindre son but, c'est-à-dire blesser l'adversaire. Du point de vue culturel, le folklore yombe, par exemple, est mieux identifié par le rythme « *kintueni*», tandis que le folklore « *bazombo* » est dominé par le rythme « *konono*» qui a pour instrument de base le « ngoma » (tam-tam) contrairement au « *lokele* » de la province orientale dont le « *lokole* » (tambour-téléphone) constitue l'instrument de base. Même au sein d'une communauté, les hommes vivent à chaque génération dans un environnement donné. Les Bakongo de l'époque coloniale ont vécu différemment que ceux d'aujourd'hui. Bien qu'ils aient des modèles d'action, c'est-à-dire une façon de vivre dérivée du passé, chaque communauté Kongo perçoit l'environnement à sa façon, y introduit des changements plus ou moins importants et certains de ces changements peuvent être acceptés par la communauté. Les changements peuvent venir d'une innovation interne, d'une idée venue de quelqu'un, ou d'une diffusion externe, d'une manière d'agir étrangère, observée et suivie par un individu de la communauté. Et comme le souligne Jan Vansina, « *Le contact culturel est donc une force dynamique très importante* »[72]. A ce dynamisme interne peuvent s'associer des initiatives ou actions de développement venant ou venus d'ailleurs, mais celles-ci doivent rencontrer les préoccupations et besoins de la société en développement[73]. Cependant, il faut souligner que tous les nouveaux changements proposés ne sont pas toujours acceptés par la communauté et ceux qui sont adoptés

---

[72]   J. VANSINA, Introduction à l'ethnographie du Congo, Ed Universitaires du Congo, CRISP, Bruxelles, 1966, p.7.

[73]   R. M. MBAYA, op.cit., p.9.

de l'extérieur subissent souvent un changement profond. En effet, l'action de développement vise à introduire un changement, car le développement est avant tout une transformation des structures et des mentalités qui favorise un progrès dans les divers aspects ou domaines de développement (progrès social, économique, institutionnel, sanitaire, éducatif, etc.). Comme chaque communauté possède une cohérence interne, il va de soi que l'intégration n'est pas toujours parfaite. C'est le cas des peuples autochtones (pygmés) et des « *Banyamulenge* » (immigrés Tutsis vivant au Congo). Dans ce cas, envisager un programme de développement global de l'espace géographique de ces communautés, même vivant ensemble, qui ne tient pas compte de ces spécificités culturelles, peut renforcer des inégalités sociales, effet contraire de l'action de développement envisagée. Si l'intégration devenait parfaite, « *il n'y aurait plus de changements, ni de dynamisme culturel. Mais, il existe des idées, des valeurs, des structures clefs que l'on ne peut pas changer sans changer le style particulier de la culture (...). Introduire un nouveau système de statuts sociaux exige l'adaptation de toutes les structures sociales de base. On s'y opposera fortement justement parce que le changement implique un bouleversement...* » [74].

Les cultures, comme les hommes, aiment bien leurs vieilles habitudes. On note à ce sujet que chaque communauté ethnique, tribale ou clanique a, en plus, recours à « *des institutions qui permettent de contrôler le comportement de ses membres, c'est-à-dire de fixer les règles de ce comportement* [75]». Ces règles se différencient d'une communauté ethnique, tribale ou clanique à l'autre. C'est cela qui différencie les communautés Bakongo, Bamongo, Bangala, Baluba, etc., ainsi que leurs subdivisions ou sous-groupes. Par exemple, chez les Bakongo, il y a les bandibu, les besingombe, les bantandu, les manianga; et chez les bandibu, il y a les « bandibu de Kasi,

---

[74]   J. VANSINA, op.cit, p.7

[75]   J. VANSINA, ibid., p.8.

de Kimpese, de Mbanza-Ngungu, de Tadi », etc. *La coutume ou les moeurs, qui se différent d'une communauté à l'autre, constituent des forces régulatrices par lesquelles s'exerce le contrôle social mais elles permettent de vérifier si les règles de la société sont respectées et de réprimer les déviations. Les moeurs sont les règles, les habitudes relatives à la pratique du bien et du mal, les coutumes et les traditions populaires.* Elles sont considérées comme devant assurer le bien-être (développement) de la communauté ethnique, tribale, clanique ou familiale. *Chaque communauté clanique, tribale ou ethnique a découvert qu'il existait des modes d'ajustement qui contribuent à assurer le fonctionnement de l'espace ou de l'engrenage social. Ces modes d'ajustement ou d'adaptation peuvent se cristalliser dans des doctrines qui doivent garantir le bien-être de la communauté. Ces « doctrines » (comportements) constituent les moeurs du groupe ou des communautés*[76]. Ainsi, dans le cas de l'espace géo-ethnique, tribal, clanique ou familial Kongo, on note qu'au cours des temps, des individus étrangers au clan, comme les vaincus, les serfs ou esclaves (« *muntua nsumba* » au pluriel « *bantu ba nsumba* »*)* ont été incorporés aux lignages. Actuellement, beaucoup de ces individus ont cessé de l'être grâce à la procédure d'affranchissement appelé « *kitawula* » ou « *kikula* ». On dit d'un individu affranchi qu'il est « *watawukidi* » (il s'est affranchi). Cet affranchissement peut se faire :

- soit par son rachat par son clan d'origine. Dans ce cas, l'initiative provient du chef de clan d'origine de l'intéressé qui cherche à récupérer son membre;
- soit par affranchissement personnel : l'individu sollicite son affranchissement (kitawula) et demande à réintégrer son clan d'origine;

---

[76] J. VANSINA, op.cit., p.8.

- ou encore par intégration définitive dans le clan d'adoption, pour ceux qui ne savent où aller parce que ne connaissant pas leurs origines.

Grâce au « *lusansu* »[77], il est enseigné à chaque enfant mukongo ses origines, c'est-à-dire celles de sa famille, de son clan, de son village et de ses terres depuis le « *Kongo dia Ntotila* » (*ntuka Kongo*)[78] dans l'actuel « *Mbanza Kongo* » en Angola. Connaître son « *lusansu* », c'est connaître son identité, son origine culturelle de base. La connaissance de son «lusansu» est un élément fondamental de l'éducation traditionnelle kongo. Le « *lusansu* » intervient à chaque « *kinzonzi* » (palabre), au moment d'un mariage, d'un décès, d'un règlement foncier, etc. Ne pas connaître ou ignorer son « lusansu » constitue un risque, car on peut être l'objet d'une supercherie et se voir usurper ses droits, surtout fonciers. C'est ainsi que de plus en plus, beaucoup d'individus dans la zone rurale de Mbanza-Ngungu, en particulier, et dans l'espace géo-ethnique Kongo, en général, cherchaient à s'affranchir. Cette procédure, qui vise à s'affranchir s'appelle, « *Kitawula* » ou « *Kikula* ». L'affranchissement est décidé au cours d'un « *kinzonzi* » où il n'est question que de dire le « lusansu », c'est-à-dire palabre au cours de laquelle l'intéressé, dans un débat public contradictoire, doit justifier ses origines et comment il s'est retrouvé comme « *muntua nsumbua* » (esclave) dans le clan d'adoption actuel. A ce « *kinzonzi* » de « *lusansu* », l'individu est convié à expliquer ses origines (*ta lusansu luani*) devant divers chefs

---

[77] Le « Lusansu », c'est en quelque sorte l'histoire orale de chaque famille ou clan depuis ses origines à partir de Mbanza-Kongo en Angola. Cette histoire orale enseigne les traditions, les coutumes, les mœurs, les interdits, de chaque famille ou clan depuis ses origines (Ntuka Kongo).

[78] Il faut lire à ce sujet des écrits en Kikongo comme « Nkutama a Mvila za Makanda » par Mgr. J. Cuvelier, Imprimerie Mission Catholique Tumba, 1934, qui expliquent et relatent l'histoire des clans c'est-à-dire comment les divers clans sont partis de « Kongo dia ntotila » (Mbanza Kongo en Angola).

de clans ou autres sages du village ou des villages voisins, d'ailleurs conviés à ce débat important. La personne qui cherche à s'affranchir doit connaître parfaitement son « *lusansu* », c'est-à-dire démontrer son origine: il doit pouvoir dire d'où il vient, quel est son clan d'origine, comment et quelles sont les circonstances de son asservissement, qui l'avait asservi. Les causes d'asservissements (*kimumbu*) dans l'ancienne société Kongo étaient diverses. Par exemple, la terre et le pouvoir (*kimfumu*) se payaient en biens divers, mais aussi et surtout en individus, femmes de préférence, livrés comme serfs. Il y a aussi le cas des dettes nocturnes liées à la sorcellerie (*mfuka za mpimpa za kindoki*). Il semble que les sorciers se font des dettes nocturnes. Quand il s'associe à une ristourne (*likelemba ou kitemo*) nocturne, qui consiste à sacrifier des personnes, il peut arriver qu'à son tour, le partenaire ne soit plus en mesure d'honorer ses engagements. Dans ce cas, le règlement de la dette peut consister à offrir quelqu'un en esclave. La cause peut être une dette normale contractée et dont on devient insolvable. Ainsi, l'esclave (*muntua nsumba*) ne sera affranchi que quand cette dette sera payée. Il existe des instructions dans les familles où le chef d'un clan décide, avant sa mort, de l'affranchissement d'un individu. Les instructions précisent qu'après la mort du chef de clan, le « *muntua nsumba* » est libre de regagner son clan d'origine; d'autres précisent que l'affranchissement n'est possible qu'après paiement de la dette nocturne (*mfuka kindoki*) ou normale selon le principe suivant: « *tulanda mana masisa bambuta* », c'est-à-dire « *suivons les instructions qu'ont laissées nos ancêtres* ». Si la cause de l'asservissement était une dette que ses ancêtres avaient contractée, il peut suffire à l'esclave de s'entendre sur les modalités de payement de cette dette. Mais, il arrive que la famille ou le clan d'origine refuse d'accepter ou d'accueillir l'individu qui cherche à réintégrer son clan d'origine. Dans ce cas, l'individu est dans une situation où il ne sait où aller, car il arrive souvent que l'individu qui a obtenu l'affranchissement ne peut plus continuer de travailler sur les terres de ses anciens maîtres (ancien clan). Il doit déménager de leur village et aller habiter chez les siens. On dit alors: « *wele sosi kanda* » ou « *wele tunga kukanda* », c'est-à-dire il est allé à la recherche de son clan ou il est allé construire dans son clan. Dans la zone, nous assistons parfois à des scènes dramatiques.

Le « *mumbu* » ou le « *muntua nsumba* » (esclave) peut être jugé ou qualifié de quelqu'un ayant un mauvais comportement, soit qu'il est devenu un grand sorcier et qu'il s'attaque aux membres de famille du chef de son clan d'adoption, soit qu'il est jugé indésirable à la suite d'un acte impardonnable comme l'insubordination outrée, le viol, la bagarre ou des coups et blessures envers le chef de clan, etc. Dans ce cas, le chef de clan peut décider de le chasser (*unkudidi*) par affranchissement forcé en lui disant « *vutuka kuna watuka* », c'est-à-dire « rentres d'où tu es venu ». Cela arrive parfois et l'individu ne sait où aller parce qu'il ignore ses origines ou alors il les connaît mais il a été déclaré indésirable dans son clan d'origine à cause de sa mauvaise réputation (de sorcier ou d'insupportable), car il existe un réel danger d'accepter ou d'accueillir dans son clan un individu réputé dangereux surtout du côté de la sorcellerie. Les conditions d'affranchissement *(kitawula)* sont parfois très compliquées parce que liées à des causes mystiques, occultes ou à la sorcellerie (*kindoki*), qui exige par exemple, le sacrifice d'un certain nombre de gens comme convenu à l'origine de l'asservissement (*mfuka kindoki*). Les personnes asservies peuvent provenir des régions lointaines, parfois même des pays voisins comme l'Angola et la République du Congo. Toutes ces réalités culturelles et pratiques doivent être connues avant d'entreprendre un programme de développement dans la zone, de peur de blesser certaines susceptibilités. Des contestations ou des rancoeurs peuvent surgir lorsqu'on cherche à confier la direction d'un projet de développement dans un village à un « *muana ou muntua nsumba* ». Il existe en effet un principe selon lequel « *muntua nsumbua kalendi sa yala ko* » (*quelqu'un d'origine esclave ne peut pas régner*). Confier le « *kimfumu* » (pouvoir) ou « *luyalu* » (règne) à un « *muntua nsumbua* » est un problème très observé dans la mentalité des communautés de la zone. Le « *kimfumu* » (pouvoir) dans un village, par exemple, ne peut être confié qu'à un digne fils descendant des ancêtres du clan et jamais à un étranger *(nzenza)*. Cela est aussi vrai dans le choix des personnalités politico-administratives de la zone ou de la région. Il en ressort que l'autorité d'un « *muisi nsi* » ou « *muisi kanda* » sera vite reconnue et acceptée, tandis que celle d'un « *muntua nsumba* » à la tête d'une entité politico-administrative sera très contestée et peut être source de graves conflits entre diverses communautés familiales et claniques dans la zone. Dans certains groupements de la zone, comme le groupement de Tadila, le chef de groupement provient toujours d'un même clan.

Dans certains cas, vouloir changer les choses, c'est ouvrir le chemin aux conflits, aux contestations, etc., car aux yeux de la population, il s'agit d'usurpation ou d'aliénation de pouvoir. La situation est différente au niveau des chefs de territoire où les chefs sont votés. Mais, il faut noter que le groupement, comme entité politico-administrative, est plus proche des communautés claniques et familiales (monadiques).

1.9.2. QUELQUES ASPECTS MONADES DU DEVELOPPEMENT CONSCIENT AU REGARD DE L'EDUCATION TRADITIONNELLE DANS LA ZONE

Par les normes (« *nsiku* » au pluriel « *minsiku* ») qu'elles établissent, les communautés, fixent pour l'individu et pour la société les limites du bien et du mal. Les individus et les communautés connaissent ainsi leurs devoirs et la communauté sait quelle réaction adopter quand un individu ne respecte pas ses obligations. Il est immoral qu'un homme agisse de sa propre manière. Ce que la société approuve est considéré comme moral. En dépit de leur ouverture sur le modernisme, les Bakongo entretiennent encore quelques tabous et interdits comme patrimoine de leur culture. Cela constitue aussi la base de leur éducation. Au-delà de certains de ces tabous et interdits, que l'on peut considérer comme freins au développement, il y a lieu de comprendre leur signification et leur impact sur l'environnement, l'éducation, la santé etc. Par exemple:

a) Le produit de la cueillette et du ramassage, comme le gnetum (*mfumbwa*), le champignon, les chenilles, ne peut être vendu. Au-delà de cet interdit, il y a un esprit d'exploitation et de conservation rationnelle des ressources naturelles. Par exemple, une femme ne peut manger une carotte du champ qui ne lui appartient pas pendant qu'elle est en forêt, car on la traiterait de fainéante « *molo* » ou de voleuse « *muivi* ». Cet interdit a un sens éducatif et incite au travail. Il faut travailler et produire au lieu d'envier le fruit du travail des autres.

b) Dans certains villages ou clans, il y a des jours de la semaine, comme le jour de « *nkenge* » (troisième jour de la semaine kongo) où l'on ne va pas au travail. Très souvent, ce jour est consacré aux rencontres, palabres, réjouissances, etc. Même dans notre société, il y a des jours anniversaires pour commémorer certains événements. Mais, on note dans cet interdit le souci de favoriser les relations humaines, le souci de se fréquenter au lieu de vivre chacun pour soi comme ce que nous déplorons dans certaines sociétés occidentales.

Un beau-fils (*nzitu*) ne peut pas saluer sa belle-mère à la main ni s'asseoir en face d'elle. Il est là question de politesse, de bonne éducation et de bonne manière, un signe d'humilité car la belle-mère n'est pas une égale. On ne tend pas non plus la main le premier pour saluer un supérieur ou un aîné. Par signe de bonne éducation, on n'appelle pas l'aîné ou le supérieur par son nom propre, ce dernier on l'appelle « *mbuta* », (grand), « *tata* » (papa), « *mama* » (maman), « *yaya* » (grand-frère ou grande-sœur), « *nkaka* » (grand-père ou grand-mère), etc. Beaucoup de ces interdits, comme celui de ne pas vendre les fruits de la cueillette ou du ramassage, ne sont plus d'application rigoureuse par souci de besoins économiques; certains autres ont tendance à disparaître surtout en milieu urbain; d'autres encore restent d'application rigoureuse en milieu rural dans la zone. Beaucoup d'interdits alimentaires sont liés au processus de guérison après un traitement traditionnel. Par exemple, il est courant de se voir interdire la consommation des feuilles de manioc en cas de traitement contre le rhumatisme ou contre la fontanelle pour l'enfant; du poulet en cas d'épilepsie; de la canne à sucre en cas d'asthme; de la noix de palme en cas de circoncision ou de pneumonie, etc. Cet aspect des coutumes et traditions a un impact considérable sur la manière d'envisager le processus de développement dans un espace géo-ethnique, tribal ou clanique donné, car ce qui est accepté ou toléré dans une communauté peut être répréhensible dans une autre. C'est le cas du vol (*kimuivi*) ou de l'adultère *(kizumba)*. En effet, certaines communautés ethniques de notre pays acceptent qu'un homme puisse marier ensemble la grande-sœur et la petite-sœur ; d'autres encore tolèrent l'adultère, c'est-à-dire de voir par exemple sa femme aller avec un autre homme et c'est parfois même un honneur de voir sa femme être enviée ou courtisée par d'autres hommes. Mais, dans la culture Kongo, cela est impensable. C'est aussi le cas qu'un homme puisse marier la grande sœur et la petite-sœur, Par exemple, dans la mentalité « Mongo » ou « Ekonda », la jeune fille est comparée à une « boutique » où l'on peut stocker des marchandises (richesse). Il n'est pas étonnant que dans les communautés ethniques ou tribales « Mongo » ou « Ekonda » et d'autres où la prostitution est admise ou tolérée, quelque fois, la jeune fille reçoit les « *mapamboli ou nsambu*» (bénédictions) de ses parents en ces termes: « *Kende, ozua mibali ya mikonzi, mibali ya mbongo* » ou « *wenda wabaka mayakala ma mbongo, ma mvuama* » (*Vas, que tu attrappes des hommes riches, des hommes de pouvoir*).

En résumé, le modèle monade de développement propose de faire asseoir le processus de développement sur des spécificités socio-culturelles de chaque communauté familiale, clanique, tribale ou ethnique suivant l'espace géophysique donné. Nous ne pensons pas qu'une telle stratégie de développement aboutirait à une situation où le pouvoir public ne pourrait plus rien contrôler. Le suivi de ce modèle dans un pays où la diversité clanique, tribale et ethnique est énorme ne poserait pas des problèmes insolubles aux dirigeants. Ils ont intérêt à voir les populations locales participer à leur propre développement et s'occuper des réalisations qui sont à leur portée. Les spécificités socioculturelles sont prises en compte pour permettre l'adaptation du modèle au cas par cas en se référant à l'unité communautaire de base (monade), c'est-à-dire en misant sur ce que les membres d'une communauté de base ont en commun.

CHAPITRE II

DEROULEMENT DE L'ENQUETE, PRESENTATION, ANALYSE ET INTERPRETATION DES RESULTATS

Le chapitre II porte sur la problématique de l'enquête, le champ d'investigation, le déroulement de l'enquête, la présentation, l'analyse et l'interprétation des résultats.

2.1. PROBLEMATIQUE

Les problèmes de développement de la zone rurale de Mbanza-Ngungu peuvent être catégorisés de la manière suivante: problèmes d'environnement, problèmes de population et problèmes de développement.

2.1.2. PROBLEMES D'ENVIRONNEMENT

Le constat fait dans ce territoire de Mbanza-Ngungu est que la population continue l'abattage systématique et incontrôlé de toutes les espèces d'arbres comme les arbres fruitiers et les essences forestières soit pour fabriquer du charbon de bois, soit pour exploiter des boulangeries artisanales. S'y ajoutent encore le non respect du calendrier réglementant la chasse ainsi que les feux de brousses incontrôlés qui deviennent une habitude chez les

79

79

paysans. Cette pratique provoque souvent la déforestation, des érosions et la dégradation des sols. Si nous n'y prenons garde, nous risquons de connaître de conséquences néfastes dues à la désertification.[1] Un problème qui est souvent ignoré, mais qui a fait l'objet d'études antérieures[2], c'est la fragilité des sols de la zone, reconnus par ailleurs, de faible valeur agricole. A cette fragilité des sols s'ajoutent la pratique de feux de brousse et un système d'exploitation agricole encore primitif basé sur l'agriculture sur brûlis, qui ne répond plus aux conditions écologiques et économiques. L'agriculture sur brûlis a pour conséquence une baisse de rendement de la production et de la productivité des sols, une recrudescence des érosions, et une latérisation accentuée des sols.

On voudra bien noter que chronologiquement, la pratique des feux de brousse et l'agriculture sur brûlis sont des pratiques antérieures à la fabrication du charbon de bois en milieu rural de la RDC. L'usage du charbon de bois dans les ménages est une pratique urbaine ; les paysans, eux, utilisent plutôt le bois de chauffe à l'état naturel. La dégradation des sols de la zone est la conséquence de plusieurs phénomènes tantôt isolés ou simultanés, tantôt naturels ou humains. Les facteurs naturels qui favorisent la dégradation des sols dans la zone sont: la latérisation des sols, le concrétionnement superficiel de matières ferrugineuses, l'érosion, l'exportation de sels minéraux et la destruction de l'humus. A leur action s'ajoute celle de deux facteurs humains, à savoir les défrichements des terres, les cultures intensives et les feux de brousse. Lorsque les défrichements des terres et les cultures dépassent le pouvoir récupérateur du sol, ils l'appauvrissent chimiquement et le dégradent physiquement, favorisant

---

[1] Territoire de Mbanza-Ngungu, Rapport Annuel 2006, document inédit, p.157.

[2] Les études antérieures dont nous faisons réference de DRACHOUSSOFF, GER, INEAC, SYS, CODENCO-SOCINCO, DUVIGNEAU, BEAU, etc. restent toujours d'actualité et se confirment sur le terrain.

ainsi la latérisation et l'érosion. Les feux de brousse compromettent les constances physiques et entraînent, surtout dans la partie sud de la zone, des variations plus accentuées de la nappe phréatique, ce qui entraîne la formation plus ou moins superficielle d'une carapace ferrugineuse, rendant toute culture impossible ; une érosion latérale plus ou moins rapide mais toujours plus forte que dans des sols forestiers ; et une érosion verticale avec entraînement de l'argile colloïdale et des matières fertilisantes dans le sous-sol. Jadis, le système agricole coutumier était fort bien adapté à la situation. Un équilibre s'était peu à peu formé entre la vocation forestière de la zone et les défrichements des terres faits par les hommes. En effet, dès que les cultivateurs remarquaient qu'ils avaient abusé des réserves d'un sol, dès que les récoltes s'avéraient systématiquement médiocres et que la jachère s'établissait lentement et irrégulièrement avec apparition de graminées, la terre était abandonnée pour quelques dizaines d'années pour se reconstituer. Le retour trop fréquent des cultures sur un même emplacement, comme cela se fait de plus en plus par suite de la pression démographique et d'autres facteurs connexes, ne peut pas, dans le système actuel d'exploitation agricole des sols dans la zone par les paysans, entraîner à lui seul la dégradation irrémédiable des terres. En effet, il est fondamental de savoir, qu'il existe un stade intermédiaire prolongé et réversible où les récoltes deviennent d'abord médiocres et où, ensuite, les formations herbeuses éparses apparaissent. C'est alors qu'interviendrait la longue jachère qui pourrait évoluer vers l'extension naturelle des formations arbustives, car, il faut le préciser, la vocation des sols de la zone est forestière. D'ailleurs, la pratique des « *Nkunku* » (une réserve clanique mise en défens) a démontré cette évolution. Il en est de même des feux de brousse que même annuellement répétés, ne peuvent causer la stérilisation des terres cultivées et la disparition des forêts, car il est démontré que la forêt repousserait sur ses cendres.

Il faudrait alors plusieurs incendies successifs pendant une période de plusieurs années pour amener la disparition définitive des formations arborées. C'est ce qui semble être le cas pour le moment. Le Bas-Congo, province à vocation forestière, est devenue savanicole à cause des feux de brousse. Rien n'est impossible. Les populations ignorent souvent que la savane (*nzanza*) est à la croisée des chemins entre son évolution positive vers la forêt (*mfinda*), à condition de mettre fin aux feux de brousse, et son évolution négative vers la désertification avec la persistance des feux de brousse. Si la trop grande fréquence des cultures sur le même emplacement et les feux de brousse, pris isolément, ne peuvent avoir des effets irréparables, c'est surtout leur combinaison qui est beaucoup plus dangereuse. C'est ce qui arrive dans notre zone d'étude. En effet, dans les terres de savane de la zone, l'action combinée des cultures trop fréquentes par suite du raccourcissement de la jachère, d'une part, et des feux de brousse annuels, d'autre part, se montre actuellement de plus en plus pernicieuse, car la terre dénudée résiste de moins en moins aux forces érosives et favorise dangereusement ce qui est à craindre dans l'avenir des terres de la zone, à savoir la latérisation. Dans l'ensemble, le processus de dégradation des terres dans la zone se présente de la manière suivante dans le cas de la forêt ou celui de la savane, comme le décrit Drachoussoff: « *Supposons une terre moyenne de forêt défrichée (« sole » ou « masole » au pluriel), elle se couvrira, après culture, d'une repousse forestière devenant rapidement imperméable au feu de brousse après quelques années de jachère. Cependant, dans une terre fatiguée ou pauvre, la repousse sera lente et irrégulière. Des formations herbeuses éparses apparaîtront et la vocation forestière sera hésitante. La jachère pourra être brûlée, une nouvelle repousse encore plus médiocre suivrait le feu et serait brûlée à son tour. Au bout de quelques années, le mal est accompli et un bloc de forêt aura été conquis par la savane d'abord, par la steppe ensuite, et enfin, par la latérite au stade final* ». C'est ce qui s'observe de plus en plus à plusieurs endroits de la zone. Et pourtant, plus le taux de boisement est élevé, moins pernicieux sont les effets des feux de brousse et des cultures trop fréquentes ; ou encore, un repos (jachère) d'une dizaine ou vingtaine d'années, ou un ralentissement des défrichements, ce qui n'est plus possible dans les conditions actuelles avec la croissance démographique, permettrait de restaurer, tant soit peu, là où c'est encore possible, la fertilité des terres de la zone. Il est démontré qu'aucune savane n'est définitivement stérile, à condition qu'elle ne soit pas carapacée de limonite. Les savanes les plus pauvres pourront toujours se reboiser à longue échéance si, bien entendu, on les protège contre la pratique des feux de brousse. Par contre, les forêts dans la zone résistent bien aux cultures et aux feux, tant que les facteurs appauvrissants n'atteignent pas une certaine intensité.

Comme l'écrit V. Drachoussoff, « *Le danger dans la région du Bangu est faible, lent, à peine perceptible. Mais tout progrès strictement économique ne fera que l'accroître...* ». Or, il est démontré qu'il y a eu dans le passé une augmentation très poussée de la production agricole dans la zone. Cette augmentation quantitative (croissance) de la production agricole s'était faite surtout sans tenir compte de la capacité des ressources, dont les terres. Au rythme actuel du développement du Bas-Congo, d'après V. Drachoussoff, « *le pronostic doit être assez sombre. Il arrivera un jour où les couches superficielles seront irrémédiablement lessivées, où la forêt ne repoussera plus, où la couche arable disparaîtra. Cette évolution est pour le moment très lente, pour ainsi dire, imperceptible. Mais elle est logique et inévitable, à moins de changements sérieux dans notre politique agricole* ». L'influence conjointe des cultures et des feux de brousse empêche le boisement des savanes et favorise leur dégradation... Les « *nkunku* » compensent plus ou moins, quand on n'exagère pas les emblavures, les dégâts inévitables causés par la dénudation des terres et l'exportation des sels minéraux. Actuellement, comme les études antérieures précitées le confirment, nous sommes à la limite du pouvoir récupérateur des terres. Dans bien des villages, comme le village de Nzundu dans le secteur de Boko, cette limite est dépassée. Les progrès économiques, s'ils ne s'accompagnent pas de perfectionnements techniques, auront une influence plus marquée et plus décisive dans la région de Bangu, du fait de la faible étendue des forêts et de la pauvreté de celles-ci. Tôt ou tard, l'agriculture paysanne suivra le rythme de l'évolution générale du pays. Ce jour-là, il faudra prendre bien garde aux catastrophes. On peut se demander ce qui arrivera. Inévitablement, et c'est ce qui s'observe d'ailleurs dans la zone, les superficies annuellement défrichées vont s'étendre, la durée de la jachère se raccourcit, la détribalisation des jeunes générations amènera l'abandon de l'agriculture au profit d'une économie purement spéculative, des pratiques coutumières prudentes et conservatrices,... un système du type « soudanais » sera instauré et stérilisera la région, bloc par bloc. Finalement, « *nous aboutirons à ce que nous voyons le long du rail, entre Lukala et Songololo, c'est-à-dire des grandes plaines marécageuses carapacées de bancs ferrugineux, couvertes de quelques touffes d'Andropogonées accrochées à ce qui reste de terres meubles* ». Malheureusement, cette alerte se confirme de plus en plus dans la zone, ce qui nécessite d'envisager une nouvelle orientation du développement avec un nouveau style d'aborder les problèmes de développement dans la zone.

2.1.2. **PROBLEMES DE POPULATION**

La pression démographique qui s'exerce actuellement sur les terres de la zone rurale de Mbanza-Ngungu est la conséquence des problèmes écologiques et environnementaux que nous venons de décrire. En effet, il est indéniable que la population de cette zone, comme celle de la province du Bas-Congo en général, connaît une augmentation. Selon les statistiques,[3] de 2.362.000 habitants en 1990, la population du Bas-Congo était estimée à 2.701.000 habitants en 1994. La densité des populations rurales entre 1990 et 1994 a évolué progressivement de la manière suivante pour le

---

[3] A titre illustratif, par manque des données statistiques récentes fiables.

district des Cataractes dont fait partie la zone rurale de Mbanza-Ngungu: 38 hab./km² (1990); 40 hab./km² (1991); 41 hab. /km² (1992); 42 hab. / km² (1993); 43 hab. /km² (1994). Pour la même période, la densité de la population au niveau de la province a évolué aussi progressivement de la manière suivante: 44 hab./km² (1990); 45 hab./km² (1991); 47 hab. /km² (1992); 48 hab. /km² (1993); 50 hab./km² (1994)[4], soit un accroissement de la densité démographique au rythme de 1 habitant/an. Cette croissance a eu des conséquences sur la situation socio-économique interne et externe de la zone et de la région. Du point de vue endogène, cette croissance démographique a aussi entraîné une augmentation de besoins alimentaires et vivriers dans la zone. Mais la pression a été plus marquée par la croissance démographique du marché que constitue la ville de Kinshasa. Des palliatifs comme l'exode rural n'ont pas résolu et ne résoudront pas le problème de densité de la population dans la zone. Il est un fait que la production agricole de la zone a connu une grande progression dictée par les besoins vivriers de la ville de Kinshasa. Or les moyens de production agricole ainsi que les méthodes culturales appauvrissantes n'ont pas changé, alors que la production agricole, elle, a connu une très forte expansion dans le passé avant qu'elle ne baisse en ce moment. La conjugaison de la croissance de la population avec celle de la production agricole obtenue avec les méthodes culturales appauvrissantes des sols a eu un impact sur la dégradation des terres dans la zone dont la conséquence est la baisse des rendements agricoles dans la zone en général. Des auteurs comme Eric Tollens nous disent que comparativement au Bandundu où la terre est relativement abondante, au Bas-Congo, des pénuries locales de terre se manifestent, ce qui mène à un changement de systèmes de production agricole[5].

---

[4] Division Provinciale de l'Urbanisme et Habitat (1995) cité par Ministère de l'Agriculture, Monographie de la Province du Bas-Congo, Octobre 1998, p.25.

[5] E. TOLLENS, F. GOOSSENS, B. MINTEN, Nourrir Kinshasa, L'Harmattan, Paris, 1994, p.19.

La recherche de nouvelles terres agricoles est devenue une préoccupation majeure dans les villages. La durée de la jachère est de plus en plus réduite et les rendements agricoles sont de plus en plus faibles. On observe dans la zone une recrudescence de conflits de terres même chez les habitants d'un même village supposés tous être du même clan. Outre les problèmes fonciers, juridiques et sociologiques constatés dans la zone, il y a l'interdépendance des problèmes de la population, du développement et de l'environnement. Au fur et à mesure que la population de la zone augmente, la pression sur les terres devient insupportable jusqu'à faire craindre de graves conflits sanglants. La situation actuelle de ces conflits est déjà critique vu le nombre de procès en cours dans les différents tribunaux de la zone et dans les villages. Entre-temps, dans les conditions actuelles, la combinaison de trois principaux facteurs agricoles, à savoir la densité de la population avec ses méthodes agricoles coutumières et archaïques, le sol et le climat, limite les progrès de l'agriculture, la prospérité, le revenu ainsi que le bien-être du paysan. En outre, cette combinaison continue d'appauvrir le sol. La baisse des revenus de la population entraîne une cohorte des problèmes socio-économiques indescriptibles. Il s'agit des problèmes de santé, d'hygiène, d'éducation, de moralité, de pauvreté, etc. L'évolution actuelle de la densité de la population tend et tendra à l'augmentation, ce qui est évident avec la croissance de la population dans la zone. Cette augmentation de la densité de la population ne pourra se concilier avec l'amélioration des revenus de la population paysanne que si les méthodes culturales des paysans s'améliorent. Ce qui peut amener l'amélioration des conditions économiques et sociales des paysans.

2.1.3. <u>PROBLEMES DE DEVELOPPEMENT</u>

Un autre problème qui risquerait d'entraver le développement de la zone, c'est la répartition clanique et traditionnelle des terres. En effet, suivant le système foncier, les terres appartiennent aux différents clans et familles

« *ngudi* », qui se regroupent dans divers villages ou localités. Le mode de gestion traditionnel des terres établit qu'un membre d'un clan ne peut aller travailler ni s'approprier les terres d'un autre clan (ou famille), même lorsqu'il habite dans le village de ce dernier. Il en est de même des membres d'autres villages. Cette situation entraîne des conséquences sur le plan sociologique, juridique, économique, écologique, en l'occurrence d'innombrables et interminables dramatiques conflits de terres interclaniques et familiales dans la zone. Comme nous l'avons expliqué ci-haut, la zone de Mbanza-Ngungu est une zone rurale qui tire l'essentiel de son revenu de l'agriculture vivrière.

Mais il devient impérieux d'adapter l'agriculture de cette zone de manière à corriger sa tendance générale vers l'appauvrissement des sols. Il s'avère urgent d'étudier et d'appliquer d'autres méthodes d'exploitation agricole en fonction des contraintes de la population, des sols et du climat. Les méthodes actuelles de production agricole ne conviennent plus aux conditions existantes et aux perspectives d'avenir. Ces méthodes contribuent à une dégradation accélérée des terres de cette zone. Déjà, les rendements par hectare ont atteint dans la zone une limite difficilement dépassable : ils sont en baisse constante. De plus en plus, on s'appuie sur les cultures maraîchères. La dépopulation des campagnes fait suite à l'exode rural, l'insécurité croissante due aux situations de guerre qu'ont connues la zone et la province du Bas-Congo (invasion des troupes rwando-ougando-burundaises en 1998-1999) ainsi qu'aux tensions et conflits divers dans les pays voisins (Angola, République du Congo). Plus récemment encore, le massacre des adeptes du mouvement politico-religieux Bundu Dia Kongo devenu Bundu dia Mayala[6] a aggravé cet état de choses, puisque le nombre de consommateurs augmente aux dépens du nombre de producteurs. Les

---

[6]   Suivant le rapport de la commission des droits de l'homme des Nations Unies, plus de 150 adeptes avaient été massacrés et 200 maisons incendiées par la force gouvernementale.

campagnes se vident de leurs meilleurs éléments et le mouvement ne cesse de s'accentuer. Il ne reste souvent dans les villages que des vieillards, socialement et économiquement incapables de produire. Pendant que la production diminue, les besoins de consommation augmentent. Les gens qui ont choisi de quitter le village pour s'installer dans un centre extra-coutumier ou urbain vivent dans des conditions économiques, éducatives et sanitaires généralement bonnes par rapport à celles existant en milieu rural (village), même si la misère est aussi présente dans ces centres urbains. Dans l'ensemble, la situation socio-économique de la zone est peu satisfaisante et caractérisée par un fond de crise. Devant cet assortiment des problèmes socio-économiques, il faut envisager une amélioration des conditions de vie de populations et encourager les jeunes ruraux à rester dans leurs villages et les élites à investir dans la zone. En d'autres termes, il faut promouvoir globalement le développement de la zone par l'amélioration des conditions de vie de la population. Une telle amélioration pose le problème des infrastructures de base en milieu rural, de la santé et de l'éducation. Il s'agit là du fondement même de tout développement comme le propose le développement conscient et le modèle monade de développement. Si la population n'est pas en bonne santé, si elle n'est pas éduquée et si elle ne bénéficie pas de bonnes conditions matérielles, on ne peut raisonnablement rien lui exiger, surtout pas sa participation au développement parce qu'elle ne comprendra pas l'intérêt et l'importance de ce qu'on lui demande de faire.

Quand bien même elle comprendrait ce qu'on lui demande de faire, parce qu'elle est éduquée, elle n'aura pas la force physique ni mentale de le faire si elle est en mauvaise santé. Et quand bien même elle serait bien éduquée et comprendrait ce qu'on lui demande de faire parce qu'elle est en bonne santé, tout le savoir dont elle dispose ne pourra jamais se traduire en actes si elle ne dispose pas de moyens matériels nécessaires, ni d'infrastructures adéquates. Des actions s'imposent donc si l'on ne veut pas compromettre les chances de développement de la zone et la sauvegarde de son environnement. Ainsi, d'autres méthodes de production agricole, telle que l'agroforesterie, la pratique des « *Nkunku* », la lutte contre le feu de brousse... doivent être introduites, démontrées, diffusées et vulgarisées auprès de la population dans le double but de préserver le capital-sol et d'accroître le rendement agricole, conditions préalables pour une amélioration des revenus et, en conséquence, du bien-être matériel et social de la population, étant donné que l'économie de la zone repose sur l'agriculture. Comme le souligne Kevin, « *I really believe in the idea that people can change their community's circumstances* »[7], mais cela implique la participation de toute la communauté. En effet, « *...le système agricole actuel dans la zone a le défaut de ses qualités. Lorsque son application n'entraîne plus la conservation des sols par une longue jachère, mais un lent appauvrissement, il est extrêmement difficile de le modifier car il forme un tout agricole, foncier, économique, juridique et social* »[8]. La pression démographique qui s'exerce sur les terres et qui est consécutive à la croissance démographique, justifie une maîtrise des problèmes de population dans la zone. Il y a donc nécessité d'intégrer une politique de la population et de l'environnement dans le programme de développement de la zone étant donné l'interdépendance des problèmes de population, du développement et d'environnement dans la zone. L'ensemble des problèmes évoqués dans notre problématique ainsi que leurs solutions tant au niveau global de la planète et du continent qu'au niveau spécifique de la zone rurale de Mbanza-Ngungu nous amène à envisager, d'une part, un nouveau type de développement conscient de l'avenir de l'homme, de sa survie et de ses ressources que nous avons appelé le développement conscient et, d'autre part, un modèle de développement qui se réfère aux spécificités socio-culturelles des communautés, en

---

[7] K. DANACHER, S. BIGGS and J. MARK, Building The Green Economy, Ed. Polipoint press, USA, 2007, p.61.

[8] V. DRACHOUSSOFF, op.cit. p.159.

l'occurence à la monade (*ngudi*) comme unité communautaire de base, et que nous avons dénommé le modèle monade de développement.

2.2. CHAMP D'INVESTIGATION

Notre étude porte sur la Zone rurale de Mbanza-Ngungu. Cette zone fut créée par l'Arrêté n°21/074 du 23 juillet 1934 et fait partie du District des Cataractes dans la Province du Bas-Congo. Elle s'inscrit approximativement entre les méridiens 14°14 et 15°14 de longitude Est de Greenwich et les parallèles 4°48 et 5°50 de latitude sud. Elle couvre environ 8.190 km²[9].

Elle est bornée:

- au Nord, par le Territoire de Luozi, la République du Congo et le Territoire de Kasangulu;
- à l'Est, par le Territoire de Madimba;
- au Sud, par la République d'Angola;
- à l'Ouest, par le Territoire de Songololo.

2.3. DEROULEMENT DE L'ENQUETE

La zone rurale de Mbanza-Ngungu comprend 7 secteurs qui se subdivisent en 49 groupements ou chefferies et 695 villages avec une population congolaise estimée à 473.421 habitants, dont 224.336 hommes (47,4%)

---

[9]   Institut Géographique du Congo, Ministère de la Défense Nationale, Janvier 1981 cité par le Ministère de l'Agriculture, Monographie de la province du Bas-Congo, Octobre 1998, p.4.

et 249.085 femmes (52,6%)[10]. L'enquête a porté sur 322 (46.2%) de ces villages. Dans ces villages, nous avons dénombré 1.227 unités monadiques (ngudi) dont nous avons retenues 3.286 individus (0,7%) auxquels nous avons soumis un questionnaire d'enquête. La répartition se présente de la manière suivante :

1. Secteur de Boko   : 1.002 individus (30.5%);
2. Secteur de Kivulu   : 305   individus (9.3%);
3. Secteur de Kwilu-Ngongo   : 538   individus (16.5%);
4. Secteur de Lunzadi   : 150   individus (4.6%);
5. Secteur de Gombe-Matadi   : 279   individus (8.5%);
6. Secteur de Gombe-Sud   : 352   individus (10.7%);
7. Secteur de Timansi   : 660   individus (20.1%)..

L'enquête se subdivise en deux parties. La première partie a pour but d'examiner les attitudes et connaissances de la population vis-à-vis des problèmes de population, d'environnement et de développement. La seconde partie vise à déterminer et identifier les unités monadiques, les liaisons de ces unités monadiques et le développement conscient dans la zone. La situation révélée dans la problématique se rapporte aux problèmes de population, d'environnement et de développement, problèmes qui nécessitent une prise de conscience de la part de la population.

Le problème est de savoir ce qui suit:

-   Quels sont les attitudes et connaissances de la population vis-à-vis des problèmes de population, d'environnement et de développement qui se posent dans la zone?;
-   La prise de conscience de ces problèmes auprès de la population;

---

[10] Rapport Annuel 2006, Territoire de Mbanza-Ngungu, document inédit, p.130.

- Ces attitudes et comportements, sont-ils dûs à l'ignorance ou au manque d'éducation?
- Quel schéma envisager pour le développement de la zone?

Après avoir observé ces questions sur le terrain, nous nous sommes rendu compte que la situation était très complexe, parce qu'elle touche plusieurs aspects et qu'il fallait la circonscrire.

2.3.1. LE QUESTIONNAIRE

Le questionnaire a six volets et comprend 40 questions fermées. Les questions ouvertes ont été évitées pour ne pas trop retenir les enquêtés et pour des raisons de dépouillement. Les volets 1à 4 se rapportent aux attitudes et comportements de la population face aux problèmes de développement et de sa prise de conscience face à ces problèmes. Les volets 5 et 6 portent sur le modèle monade de développement proposé et à l'aspect éducatif (culture) de la population. Ces volets sont les suivants:

- volet 1 : Problèmes d'environnement (8 questions);
- volet 2 : Problèmes de population (2 questions);
- volet 3 : Problème de développement (7 questions);
- volet 4 : Prise de conscience (13 questions);
- volet 5 : Relation entre développement conscient et Modèle Monade (7 questions).
- volet 6 : Education et culture Kongo (3 questions)

2.3.2. L'ADMINISTRATION DU QUESTIONNAIRE

Avant l'administration du questionnaire, il fallait examiner la compréhension et l'assimilation des questions par les enquêteurs et les enquêtés. Aussi le questionnaire a-t-il été traduit en kikongo (*kindibu*) pour faciliter la compréhension. La réalité sur le terrain a révélé la difficulté de formulation des questions surtout auprès des paysans sans instruction ou non intéressés par la recherche. Il a fallu reformuler certaines questions et noter les propositions des sujets. C'est la raison pour laquelle les questions fermées ont été préférées aux questions ouvertes comme le souligne d'ailleurs S. Shomba Kinyamba : « *l'utilisation des questions ouvertes dans le sondage d'opinion est très peu recommandable, car le dépouillement des réponses reste ménacé par un degré élevé de délicatesse et de subjectivité* »[11]. Le dialogue a aussi été utilisé. Ces deux techniques ont été complétées par l'observation directe dans la zone et les villages des secteurs enquêtés.

2.3.3. L'ECHANTILLON

Le choix de l'échantillon a été effectué d'une manière aléatoire décrite ci-dessous:

a) **Premier tirage**: dans un premier temps, les villages ont été numérotés de 1 à 695. Le programme informatique mis au point a sélectionné 347 villages suivant la séquence d'intervalle n=2. Ensuite, il fallait reporter les villages sélectionnés sur la carte géographique de la zone et évaluer les distances entre eux;

b) De ce premier tirage, il est apparu que les distances entre les villages étaient trop disparates. Ce qui serait un handicap pour les enquêteurs, au regard des difficultés de transport dans la zone.

c) **Second tirage**: le premier tirage n'ayant pas été satisfaisant, les villages ont été numérotés par secteur; ensuite, le programme informatique a resélectionné 347 villages parmi les secteurs. Enfin, cette liste a été transposée sur la carte géographique pour évaluer la distance entre les villages. C'est cette seconde liste des

---

[11]   S. SHOMBA KINYAMBA, *Méthodologie de la recherche scientifique*, PUK, Kinshasa, 2002, p.65.

villages sélectionnés par secteur qui a été retenue pour l'enquête. Le groupage des villages dans un même rayon a permis de retenir 322 villages.

d) Ainsi, 25 villages (347-322) ont été rejetés en raison de cette contrainte (disparité entre les villages). Chaque enquêteur avait la facilité de couvrir son rayon de 10 villages.

e) En ce qui concerne l'enquête complémentaire, la même procédure a été suivie pour le choix des villages retenus, soit 10 villages par secteur (70), mais en réalité 86 villages ont fait l'objet de l'enquête, choisis parmi les villages qui n'avaient pas été retenus lors de la première enquête.

2.3.4. <u>CRITERES D'IDENTIFICATION DES ENQUETES</u>

Les enquêtés ont été retenus en fonction des variables telles que l'âge, le sexe, le degré d'instruction et le statut professionnel. Cela sous-entend qu'un individu peut adopter une attitude et un comportement vis-à-vis d'une situation donnée selon son âge, son degré d'instruction, son statut professionnel dans la société où il vit. Les données présentées dans les tableaux [12]ci-dessous révèlent ce qui suit:

---

[12] Pour la présentation des données, nous avons utilisé deux formes : les **tableaux** mais aussi les **graphiques** qui donnent une lecture globale et rapide des données. Les graphiques ne sont pas commentées parce qu'elles sont une simple illustration des données des tableaux. Ainsi, les commentaires des tableaux s'appliquent automatiquement aux graphiques.

1. Age: la majorité des individus de l'échantillon est âgé de moins de 25 ans (Tab. 5). C'est la moyenne d'âge de la population de la zone dans son ensemble.

TABLEAU 5 : **REPARTITION DES ENQUETES PAR AGE ET PAR SECTEUR**

AGE	SECTEURS															
	BOKO		KIVULU		KWI.-NGONGO		LUNZADI		GBE-MATADI		GOMBE.-SUD		TIMANSI		TOTAL	
		%		%		%		%		%		%		%		%
≤25 ans	651	65	170	55.6	352	65.5	68	45.6	223	79.8	101	28.7	418	63.4	2096	63.8
≥25 ans	351	35	135	44.4	186	34.5	82	54.4	56	20.2	251	71.3	242	36.6	1190	36.2
TOT.	1002	100	305	100	538	100	150	100	279	100	352	100	660	100	3286	100

Suivant ce tableau, la majorité de notre échantillon est âgée de moins de 25 ans.

L'ensemble de la population est aussi jeune suivant les données démographiques de la zone.

La fig.1. donne une illustration graphique des données du tableau 5.

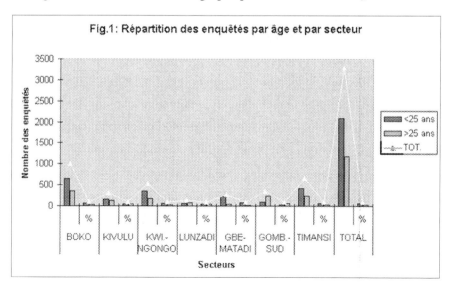

95

2. Sexe: La répartition par sexe montre que la majorité de la population de la zone est féminine (Tableau n° 6)
3. Sexe : la majorité de la population de la zone est féminine

TABLEAU 2: <u>REPARTITION DES ENQUETES PAR SEXE</u> (%)

	SECTEURS																				
	Boko			Kivulu			Kwilu-Ngongo			Lunzadi			Gombe-Matadi			Gombe-Sud			Timansi		
Sexe	H.	F.	TOT.	H.	F.	TOT.	H.	F.	TOT.	H.	F.	TOT.	H.	F.	TOT	H.	F.	TOT	H.	F.	TOT
≤25ans	72.8	27.2	64.7	44.2	55.8	55.6	69.9	30.1	65.5	23.4	76.6	45.6	74.7	25.4	79.8	71.8	28.2	28.7	53.2	46.8	63.4
≥25ans	66.7	33.3	35.3	51.8	48.2	44.4	36.5	3.54	34.5	31.5	68.5	54.4	48.2	51.9	20.2	59.8	71.3	71.3	34.6	63.4	36.6
TOTAL			100			100			100			100			100			100			100

L La majorité de la population de la zone est féminine mais le nombre d'enquêtés hommes est supérieure aux femmes.

L La fig.2. donne une illustration graphique des données.

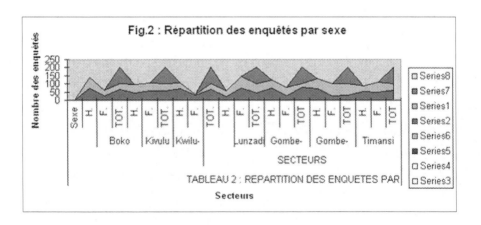

3. Instruction: le niveau des enquêtés est satisfaisant bien que 30 % d'entre eux ne soient pas instruits (Tableau n°7). Ce handicap ne les a pas empêchés de comprendre les problèmes évoqués dans la zone.

TABLEAU 7. <u>REPARTITION PAR NIVEAU D'INSTRUCTION</u>

	BOKO		KIVULU		KWILU-NGONGO		LUNZADI		GOMBE-MATADI		GOMBE-SUD		TIMANSI		TOTAL	
	%		%		%		%		%		%		%		%	
Néant	38.1	382	25.7	78	17.5	94	42	63	36	100	39.7	140	17.3	114	29.6	971
Primaire	59.2	593	73.3	223	81.2	437	56.8	85	60.7	169	60.3	212	82.4	544	68.9	2264
Secondaire	2.7	27	1.07	3	1.37	7	1.18	2	3.37	9	0	0	0.31	2	1.5	51
Supérieure	0	0	0	0	0	0	0	0	0	0	0	0	0	0	0	0
TOTAL	100	1002	100	305	100	538	100	150	100	279	100	352	100	660	100	3286

Le niveau d'instruction des enquêtés est satisfaisant bien que 30% d'entre eux ne soient pas instruits. Cela n'empêche pas la compréhension des problèmes évoqués dans la zone.

Les universitaires et intellectuels supérieurs du territoire de Mbanza-Ngungu s'intéressent sans nul doute au développement rural de leur zone. Mais aucun enquêté de niveau de formation supérieure ne s'est retrouvé dans notre échantillon. Cela s'explique par le fait qu'il n'y en avait pas dans les villages ayant fait l'objet de notre enquête.

La figure 3 donne une illustration graphique des données du tableau.

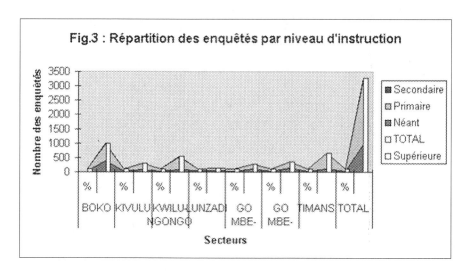

4. Profession: l'agriculture est l'activité socio-professionnelle prédominante (Tab.8). Elle occupe la majorité de la population.

TAB.8 : <u>REPARTITION DES ENQUETES PAR ACTIVITES SOCIO-PROFESSIONNELLES</u>

	SECTEURS															
	BOKO		KIVULU		KWILU-NGON.		LUNZADI		GBE-MATADI		GBE-SUD		TIMANSI		TOTAL	
	%		%		%		%		%		%		%		%	
Agriculture	89.8	900	80.8	246	86.91	468	82.3	123	75.47	211	93.4	329	89.5	591	87.2	2867
Diverses	10.2	102	19.3	59	13.09	70	17.8	27	24.53	68	6.62	23	10.5	69	12.8	419
TOTAL	100	1002	100	305	100	538	100	150	100	279	100	352	100	660	100	3286

Suivant ce tableau, l'agriculture reste l'activité prédominante dans la population.

La figure 4 donne une illustration graphique des données.

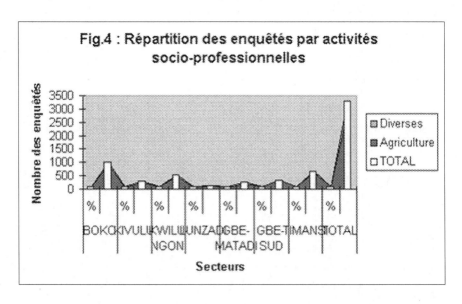

2.3.5. L'ENQUETE COMPLEMENTAIRE

Une enquête complémentaire a été réalisée entre janvier 2009 - Juin 2009 dans 86 villages de la zone, autres que ceux qui avaient fait l'objet de la première enquête. Nous avons dénombré 313 unités monadiques dans les villages enquêtés et interviewé 875 individus. Contrairement à la première enquête, les questions ouvertes ont été préférées. Cette enquête complémentaire a nécessité le recrutement de 17 enquêteurs, de 3 superviseurs et d'une coordinatrice répartis de la manière suivante par secteur : Boko : 15 villages (3 enquêteurs) ; Kivulu : 11 villages (2 enquêteurs) ; Kwilu-Ngongo : 13 villages (3 enquêteurs) ; Lunzadi : 10 villages (2 enquêteurs) ; Gombe-Matadi : 11 villages (2 enquêteurs) ; Gombe-Sud : 12 villages (2 enquêteurs) ; Timansi : 14 villages (3 enquêteurs). L'expérience acquise durant la première enquête a été déterminante, mais il fallait faire face à des difficultés d'ordre matériel, notamment le transport et la communication. Pour cette raison, chaque enquêteur devrait couvrir au moins 5-6 villages, contrairement à la première enquête (10 villages par enquêteurs).

Le but de cette enquête complémentaire était de recueillir plus d'opinions sur les questions qui visent :

f) la prise de conscience : 8 questions (tableau 16) ;

g) la culture kongo : 8 questions (tableau 20) ;

h) le modèle monade de développement : 9 questions (tableau 19).

i) l'éducation mésologique : 7 questions (tableau 30) ;

j) l'éducation traditionnelle : 8 questions (tableau 31) ;

k) la stratégie de développement : 7 questions (tableau 29) ;

l) le programme de développement : 7 questions (tableau 32) ;

Avec les questions ouvertes, nous avons recueilli des réponses disparates qu'il fallait regrouper par catégorie. Le tableau 9 ci-dessous donne la synthèse des données de l'enquête complémentaire.

TABLEAU 9. <u>REPARTITION DES NGUDI PAR VILLAGES ET PAR SECTEURS</u>

SECTEURS	Ngudi	Villages	%	Individus	%
Boko	62	15	17.4	146	16.7
Kivulu	27	11	12.8	97	11.1
Kwilu-Ngongo	43	13	15.1	136	15.5
Lunzadi	36	10	11.6	108	12.3
Gombe-Matadi	43	11	12.8	128	14.6
Gombe-Sud	39	12	14	117	13.4
Timansi	63	14	16.3	143	16.3
Total	313	86	100	875	100

Ce tableau donne la synthèse des résultats de notre enquête complémentaire. Soit au total, 12.4% des villages enquêtés de la zone.

FIGURE 5

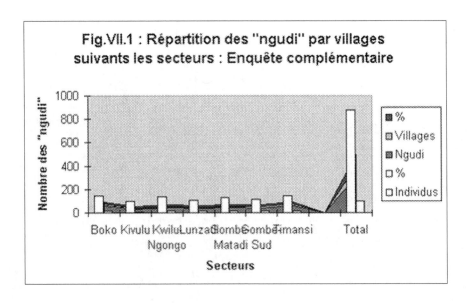

100

Le Modèle Monade de Développement

2.4. PRESENTATION, ANALYSE ET INTERPRETATION DES RESULTATS

La présentation, l'analyse et l'interprétation des résultats concerne les aspects suivants : l'attitude de la population aux problèmes de développement de la zone et de prise de conscience ; le modèle monade de développement et l'aspect éducatif (culture) de la population ; les unités monadiques ; les liaisons monadiques et claniques ; la relation entre le développement conscient et le modèle monade de développement.

L'interprétation des résultats va aussi recourir à l'analyse statistique pour interpréter la différence entre les réponses des individus. Pour l'analyse statistique des résultats, le test du Khi-deux (X^2) sera utilisé suivant la formule ci-après [13]:

$$X^2 = \sum (fo\text{-}fe)^2/fe$$
$$fo = \text{fréquences observées}$$
$$fe = \text{fréquences attendues}$$

Nous reproduisons dans les tableaux ci-dessous la synthèse des résultats de nos enquêtes relatives aux attitudes et comportements de la population vis-à-vis des problèmes de développement, d'environnement, de population et de prise de conscience. Les deux enquêtes ont permis de toucher 4.161 individus, de visiter 408 villages (58,7%), et de dénombrer 1.540 unités monadiques.

---

[13] MURRAY R. SPIEGEL, Théories et applications de la statistique, série schaum, Mc Graw-Hill, New york, 1987, p.201.

2.4.1. ATTITUDE DE LA POPULATION FACE AUX PROBLEMES DE DEVELOPPEMENT DE LA ZONE ET DE SA PRISE DE CONSCIENCE

L'attitude de la population face aux problèmes de développement de la zone et de sa prise de conscience concerne plus particulièrement les attitudes suivantes : l'attitude vis-à-vis des problèmes de développement ; l'attitude et la connaissance vis-à-vis des problèmes de population ; l'attitude et la connaissance vis-à-vis des problèmes de développement ; ainsi que l'attitude et la connaissance vis-à-vis de la prise de conscience.

2.4.2. ATTITUDE VIS-A-VIS DES PROBLEMES D'ENVIRONNEMENT

1. REPONSES RELATIVES AUX PROBLEMES D'ENVIRONNEMENT

TABLEAU 10 : ATTITUDE ET CONNAISSANCE DES INDIVIDUS VIS-A-VIS DES PROBLEMES DE L'ENVIRONNEMENT

	Boko		Kivulu		Kwilu-Ngongo		Lunzadi		Gombe-Matadi		Gombe-Sud		Timansi		TOTAL	
	%		%		%		%		%		%		%			%
1. Avez-vous remarqué une différence des rendements des sols jadis et maintenant ?																
Oui	94.7	948	85.3	260	98.9	532	61.0	91	91.6	255	72.1	254	89.6	591	2931	89.2
Non	5.3	54	14.7	45	1.1	6	39.1	59	8.4	24	27.9	98	10.4	69	355	10.8
TOTAL	100	1002	100	305	100	538	100	150	100	279	100	352	100	660	3286	100
2. S'il y a différence, est-ce que cela est dû à la dégradation?																
Oui	94.1	943	79.7	243	88.9	478	63.9	96	87.8	245	65.4	230	85.0	561	2796	85.1
Non	5.9	59	20.3	62	11.1	60	36.1	54	12.2	34	34.6	122	15.0	99	490	14.9
TOTAL	100	1002	100	305	100	538	100	150	100	279	100	352	100	660	3286	100
3. Connaissez-vous les causes de la dégradation des sols?																
Oui	29.2	292	32.89	100	46.3	249	53.9	81	63.3	177	57.4	202	78.9	521	1622	49.4
Non	70.8	710	67.11	205	53.7	289	46.2	69	36.7	102	42.7	150	21.1	139	1664	50.6
TOTAL	100	1002	100	305	100	538	100	150	100	279	100	352	100	660	3286	100
4. A votre avis, la pratique de feu de brousse, est-elle bonne pour l'agriculture?																
Oui	100	1002	99.88	305	100	538	100	150	100	279	99.8	352	99.9	660	3286	100
Non	0	0	0.12	0	0	0	0	0	0	0	0.2	0	0.1	0	0	0
TOTAL	100	1002	100	305	100	538	100	150	100	279	100	352	100	660	3286	100
5. La pratique de feu de brousse ne contribue t-elle pas à la dégradation des sols?																
Oui	0.1	0	0.5	0	0.1	0	0	0	0	0	0	0	0.3	0	0	0
Non	99.9	1002	99.5	305	99.9	538	100	150	100	279	100	352	99.7	660	3286	100
TOTAL	100	1002	100	305	100	538	100	150	100	279	100	352	100	660	3286	100
6. Seriez-vous d'accord d'y mettre fin à cette pratique si on vous le demande ?																
Oui	57.4	575	44.65	136	19.6	105	54.4	82	71.35	199	31.6	111	44.2	292	1500	45.6
Non	42.6	427	55.35	169	80.4	433	45.6	68	28.65	80	68.4	241	55.8	368	1786	54.4
TOTAL	100	1002	100	305	100	538	100	150	100	279	100	352	100	660	3286	100
7. Savez-vous que la baisse de rendement des sols est dûe en partie à la mauvaise pratique culturale?																
Oui	100	1002	100	100	100	538	100	150	100	279	100	352	100	660	3286	100
Non	0	0	0	0	0	0	0	0	0	0	0	0	0	0	0	0
TOTAL	100	1002	100	305	100	538	100	150	100	279	100	352	100	660	3286	100
8. Si on vous montre des nouvelles techniques culturales, seriez-vous disposer de les accepter?																
Oui	100	1002	100	305	100	538	100	150	100	279	100	100	100	660	3286	100
Non	0	0	0	0	0	0	0	0	0	0	0	0	0	0	0	0
TOTAL	100	1002	100	305	100	538	100	150	100	279	100	352	100	660	3286	100

Suivant ce tableau, les réponses des individus diffèrent d'un secteur à l'autre. Il apparaît que la perception des problèmes de l'environnement semble être différente dans les secteurs. Sans doute, parce que les problèmes de l'environnement ne se posent pas de la même manière dans les différents secteurs.

2. ANALYSE STATISTIQUE DES REPONSES RELATIVES AUX PROBLEMES D'ENVIRONNEMENT

TABLEAU 11. ATTITUDE ET CONNAISSANCE DES INDIVIDUS VIS-A-VIS DES PROBLEMES D'ENVIRONNEMENT

	BOKO		KIVULU		KWILU-NGONGO		LUNZADI		GOMBE-MATADI		GOMBE-SUD		TIMANSI		TOTAL	
	OUI	NON	OUI	NON	OUI	NON	OUI	NON	OUI	NON	OUI	NON	OUI	NON	OUI	NON
Q1.	948	54	260	45	532	6	91	59	255	24	254	98	591	69	2931	355
Q2.	943	59	243	62	478	60	96	54	245	34	230	122	561	99	2796	490
Q3.	292	710	100	205	249	289	81	69	177	102	202	150	521	139	1622	1664
Q4.	1002	0	305	0	538	0	150	0	279	0	352	0	660	0	3286	0
Q5.	0	1002	0	305	0	538	0	150	0	279	0	352	0	660	0	3286
Q6.	575	427	136	169	105	433	82	68	199	80	111	241	292	368	1500	1786
Q7.	1002	0	305	0	538	0	150	0	279	0	352	0	660	0	3286	0
Q8.	1002	0	305	0	538	0	150	0	279	0	352	0	660	0	3286	0
OTAL	5764	2252	1654	786	2978	1326	800	400	1713	519	1853	963	3945	1335	18.71	7581

Nous posons l'ho : Il n'ya pas une différence significative entre les réponses des individus

FREQUENCES OBSERVEES (fo) ET FREQUENCES THEORIQUES (fe)

	fo	fe	fo	fe	fo	fe	fo	fe	fo	fe	fo	fe	fo	fe	OTAL
OUI	5764	4,3 (1)	1654	1736	2978	3063	800	853.9	1713	1588	1853	2004	3945	3757	18.71
NON	2252	1,7 (2)	786	703.7	1326	1241	400	346.1	519	643.7	963	812.1	1335	1523	7.581
TOTA	8016		2440		4304		1200		2232		2816		5280		26.29

$X^2 =$ (5764 - 5704,3)²/5704,3 + (1654 - 1736,3)²/1736,3 + (2978 - 3062,8)²/3062,8 + (800 - 853,9)²/853,9 +

(1713 - 1588,3)²/1588,3 + (1853 -2003,9)²/2003,9 + (3945 -3757,3)²/3757,3 + (2252 - 2311,7)²/2311,7 +

(786 - 703,7)²/703,7 + (1326 - 1241,2)²/1241,2 + (400 - 346,1)²/346,1 + (519 - 643,7)²/643,7 +

(963 - 812,1)²/812,1 + (1335 - 1522,7)²/1522,7

$X^2 =$ (59,7)²/5704,3 + (- 82,3)²/1736,3 + (84,8)²/3062,8 + (53,9)²/853,9 + (124,7)²/1588,3 + (187,7)²/3757,3 +

(- 59,7)²/2311,7 + (82,3)²/703,7 +

(84,8)²/1241,2 + (53,9)²/346,1 + (- 124,7)²/643,7 + (150,9)²/812,1 + (- 187,7)²/1522,7 + (- 150,9)²/2003,9

$X^2 =$ 0,62 + 3,9 + 2,3 + 3,4 + 9,8 + 9,4 + 1,5 + 9,6 + 5,6 + 8,4 + 24,2 + 28,04 + 23,1 + 11,4 =141,2

Conclusion : Comme X^2 0.95 (théorique) < X^2 calculé (141,2), nous rejettons l'hypothèse nulle (ho).
Nous concluons que la différence entre les réponses des individus des différents secteurs de la zone est significative au seuil de 0,05% . De ce fait, l'attitude et la connaissance des individus au regard des problèmes de l'environnement est différente dans les différents secteurs.

Le Modèle Monade de Développement

FIGURE 6 donne une illustration graphique des données du tableau 11

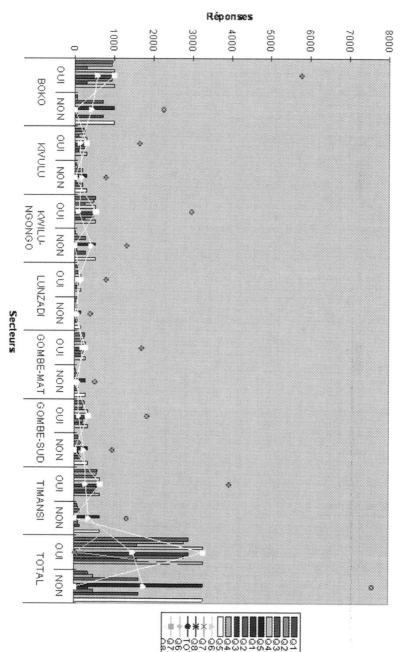

Fig.6 : ATTITUDE ET CONNAISSANCE DES INDIVIDUS
VIS-A-VIS DES PROBLEMES D'ENVIRONNEMENT

Les préoccupations relatives aux problèmes d'environnement dans la zone sont d'une actualité récente bien que certaines inquiétudes aient été déjà exprimées par le passé au sujet de ces problèmes. Mais, c'est seulement au cours de ces dernières décennies que les problèmes commencent à être perçus d'une manière dramatique par la population. Il s'agit par exemple de la baisse de la production, surtout agricole ; de certaines manifestations climatiques comme la sécheresse qu'a connu le Bas-Congo en 1977, des perturbations de la pluviosité dans certaines parties de la zone (Sud) ; la rareté des poissons dans les ruisseaux et certains cours d'eau ; la rareté du gibier et le tarissement des rivières. L'enquête montre que 89,2% des personnes interrogées affirment avoir remarqué une différence de rendements des sols par rapport aux années passées. Certaines contraintes socio-économiques comme la crise économique, la croissance démographique, la pression sur les terres, l'exode rural, l'urbanisation incontrôlée des cités extra-coutumières et la crise morale ont fait surgir des nouveaux problèmes; tandis que d'autres, qui existaient déjà comme la fragilité ou latérisation des sols de la zone, et la dégradation de la savane ont pris des dimensions entièrement nouvelles. La majorité des individus (85,1%) reconnaissent que la différence des rendements de sols est imputable à la dégration des sols mais (50,6%) d'entre eux ignorent les causes réelles de cette dégradation. Certaines activités de la population telles que le feu de brousse, le système de cultures, le déboisement des forêts commencent maintenant à avoir des conséquences préjudiciables et peuvent être irréversibles pour l'écosystème savanicole. Les enquêtés affirment à 100% que la pratique de feu de brousse est bonne pour l'agriculture et qu'elle ne contribue pas à la dégradation des sols. Jadis, le niveau quantitatif de la production était satisfaisant pour la population de la zone, mais de plus en plus, l'équilibre tend à se rompre. La pauvreté de la population est elle-même une forme de dégradation de l'environnement puisque ce dernier ne concerne pas seulement le milieu physique, mais aussi l'environnement social et culturel. Dans cette perspective, il est urgent de mettre en place dans la zone des stratégies pour la préservation de l'environnement en harmonie avec les urgences du développement de la zone. La raison est que le développement, qui sous-entend une amélioration du bien-être, est un préalable à la préservation de l'environnement, notamment parce qu'il faut satisfaire les besoins des populations. Dans ces conditions, les stratégies pour la préservation et l'amélioration de l'environnement doivent coïncider avec les efforts de développement de la zone comme nous l'avons souligné dans la problématique. Malgré la gravité de la situation caractérisée surtout par la dégradation sensible des sols, la population de la zone n'est pas encore bien consciente des dangers réels présents et futurs de la dégradation de son environnement.

Les enquêtés reconnaissent cependant (100%) que la baisse de rendement des sols est imputable à la mauvaise pratique culturale et sont disposés (100%) à appliquer des nouvelles techniques culturales. Cependant, des actes irréfléchis tels que l'abattage d'arbres, même fruitiers, pour fabriquer les « *makala* » (charbon) commencent à se généraliser ; le recours au feu de brousse est toujours d'application malgré les interdictions au niveau des villages et de l'administration; des actes de vandalisme visant à incendier des « *Nkunku* » (réserves forestières claniques) sont répétés. Par exemple, pour la seule année 1985, on a noté 138 cas des condamnations pénales pour infraction « d'incendie et feu de brousse » dans les juridictions du Bas-Congo. A ce chiffre, il faut ajouter ceux de nombreux cas qui ne sont pas portés à la connaissance des juridictions mais qui font l'objet des réglements à l'amiable dans les villages. Tout cela montre qu'une résistance est souvent opposée aux initiatives visant à remédier à la situation présente, parfois même par les groupes les plus directement touchés, à savoir la population elle-même. L'enquête indique que 45,6% seulement des personnes interrogées seraient favorables à mettre fin à la pratique de feu de brousse. Bien qu'un certain nombre de mesures et d'initiatives aient été prises au niveau de l'administration judiciaire et des chefs coutumiers (villages), ces mesures ne semblent pas encore avoir répondu aux demandes et aux espoirs formulés puisque chaque année, les mêmes actes se répètent. Il s'agit, par exemple, de l'imposition de fortes pénalités à la personne reconnue coupable d'avoir incendié le « *Nkunku* ». Pour tenter de résoudre les problèmes de l'environnement (physique, social, culturel, moral, ...) dans la zone, il faudrait d'abord les soumettre à une analyse approfondie. Ces problèmes ont été abordés jusqu'ici un par un au lieu d'être envisagés dans une perspective globale (holistique) permettant d'appréhender les relations qui les unissent. L'analyse statistique des résultats nous révèle par ailleurs qu'il y a une différence significative dans les réponses données par les individus. Cela signifie que les problèmes de l'environnement sont perçus et vécus différemment dans l'ensemble de la zone. De ce fait, nous proposons que la première étape du travail d'analyse consiste à établir une classification des types de dommages et de menaces auxquels est exposé l'environnement de la zone, en tenant compte de la gravité du préjudice pouvant en résulter pour la zone. C'est une piste de recherche que d'autres chercheurs pourront exploiter dans la zone. Et comme il s'agit de l'environnement non seulement physique, mais aussi social, moral et culturel, les analyses doivent prendre en considération les relations entre l'environnement naturel et ses composantes biologiques ainsi que les facteurs sociaux et culturels.

En effet, les problèmes d'environnement, qui se posent dans la zone ne viennent pas uniquement de l'exploitation néfaste ou irrationnelle des ressources naturelles (les sols) et de leur dégradation, mais ils englobent aussi les problèmes de développement, à savoir tous les maux qu'engendre la pauvreté :

- insuffisance et mauvaise condition d'habitat et des logements dans les centres et cités urbaines et extra-coutumiers;
- mauvaises conditions sanitaires et d'hygiènes dans le milieu rural et urbain;
- alimentation de plus en plus non équilibrée;
- méthodes de production agricole archaïque;
- crise de moralité dans la population[14];
- consommation du chanvre chez les jeunes dans les villages[15].;
- montée en puissance des anti-valeurs;

---

[14] Cas des femmes dites « Ndumba ya l'Etat » dans les centres urbains qui pratiquent la prostitution.

[15] Durant l'enquête, nous avons vu d'un champ de chanvre (« diamba ») dans un village. Le jeune homme, propriétaire de ce champ nous dira que la drogue est une source importante d'argent en Europe. Son rêve est de pouvoir trouver un acheteur en Europe. Mais en attendant de trouver l'hypothétique acheteur, les consommateurs locaux ne manquent pas dans les villages.

2.4.3. ATTITUDE ET CONNAISSANCE VIS-A-VIS DES PROBLEMES DE POPULATION

1. REPONSES RELATIVES AUX PROBLEMES DE POPULATION

TABLEAU 12 : ATTITUDE ET CONNAISSANCE VIS-A-VIS DES PROBLEMES DE POPULATION

	BOKO		KIVULU		KWL-NGONGO		LUNZADI		GBE-MATADI		GBE-SUD		TIMANSI		TOTAL	
		%		%		%		%		%		%		%		%
1. On note beaucoup des conflits des terres dans la zone,cela est-elle dû à l'insuffisance des terres ?																
Oui	620	61.8	154	50.5	354	65.7	83	55.6	252	90.4	264	75	575	87.1	2302	70.1
Non	382	38.2	151	49.5	184	34.3	67	44.4	27	9.6	88	25	85	12.9	984	29.9
TOTAL	1002	100	305	100	538	100	150	100	279	100	352	100	660	100	3286	100
2. Les bonnes terres pour l'agriculture sont-elles suffisantes pour servir tout le monde?																
Oui	232	23.1	69	22.7	6	1.1	53	35.5	68	24.3	83	23.5	49	7.4	560	17
Non	770	76.9	236	77.3	532	98.9	97	64.5	211	75.7	269	76.5	611	92.6	2726	83
TOTAL	1002	100	305	100	538	100	150	100	279	100	352	100	660	100	3286	100

Suivant ce tableau, il apparaît que les conflits de terres sont liés à la carence de bonnes terres.
Cependant, il n'y a pas une évidence que la réalité de ces deux problèmes est identique dans tous les secteurs.
Nous savons que les conflits des terres ont toujours existé dans la zone pour diverses causes.

2. ANALYSE STATISTIQUE DES REPONSES RELATIVES AUX PROBLEMES DE POPULATION

TABLEAU 13 : ATTITUDE ET CONNAISSANCE VIS-A-VIS DES PROBLEMES DE POPULATION

	BOKO		KIVULU		KWILU-NGONGO		LUNZADI		OMBE-MATA		GOMBE-SUD		TIMANSI		TOTAL	
	OUI	NON	OUI	NON	OUI	NON	OUI	NON	OUI	NON	OUI	NON	OUI	NON	OUI	NON
Q1.	620	382	154	151	354	184	83	67	252	27	264	88	575	85	2302	984
Q2.	232	770	69	236	6	532	53	97	68	211	83	269	49	611	560	2726
TOTAL	852	1152	223	387	360	716	136	164	320	238	347	357	624	686	2862	3710

Nous posons l'hypothèse nulle (Ho) : il n'y a pas de différence significative entre les réponses des individus

FREQUENCES OBSERVEES (fo) ET FREQUENCES THEORIQUES (fe)

	fo	fe	fo	fe	fo	fe	fo	fe	fo	fe	fo	fe	fo	fe	TOTAL
OUI	852	873	223	265.6	360	469.4	136	131	320	243	347	306.6	624	570.5	2862
NON	1152	1131	387	344.4	716	607.4	164	169	238	315	357	397.4	686	739.5	3710
TOTAL	2004		610		1076		300		558		704		1310		6572

$X^2 = (852 - 873)^2/873 + (223 - 265,6)^2/265,6 + (360 - 469,4)^2/469,4 + (136 - 130,6)^2/130,6 + (320 - 243)^2243 + (347 - 306,6)^2/306,6 + (624 - 570,5)^2/570,5 +$

$(1152 - 1131,3)^2 1131,3 + (387 - 344,4)^2/344,4 + (716 - 607,4)^2/607,4 + (164 - 169,4)^2/169,4 + (238 - 315)^2/315 + (357 - 397,4)^2/397,4 + (686 - 739,5)^2/739$

$X^2 = (-21)^2/873 + (- 42,6)^2/265,6 + (- 109,4)^2/469,4 + (5,4)^2/130,6 + (77)^2/243 + (40,4)^2/306,6 + (53,5)^2/570,5 +$

$(20,7)^2/1131,3 + (42,6)^2/344,4 + (108,6)^2/607,4 + (- 5,4)^2/169,4 + (- 77)^2/315 + (- 40,4)^2/397,4 + (- 53,5)^2/739,5$

$X^2 = 25,5 + 0,2 + 24,4 + 5,3 + 5,02 + 0,4 + 5,3 + 19,4 + 0,2 + 18,8 + 4,1 + 3,9 + 0,5 + 6,8$

$X^2 = 119.8$

Conclusion

Comme X^2 théorique (0,95) < X^2 calculé (119,8), (dl = 6), on rejette l'hypothèse nulle (Ho),

Nous concluons que la différence entre les réponses des individus est significative au seuil de 0,05%.

De ce fait, l'attitude et la connaissance des individus au problème de population est différente dans les différents secteurs .

Gutu Kia Zimi, Ph.D

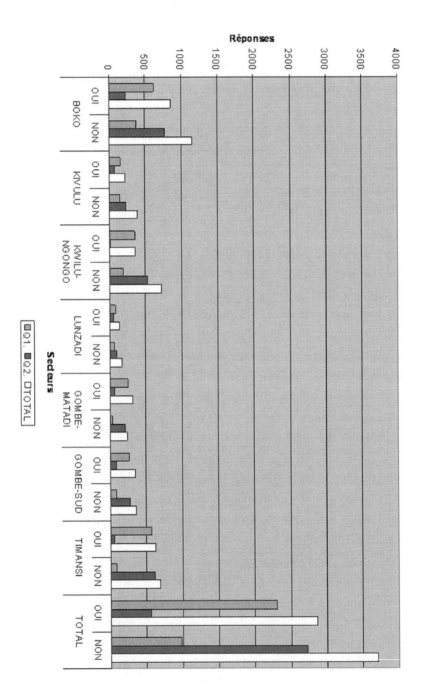

Fig. 7 : Attitude et connaissance des individus vis-à-vis des problèmes de population

112

L'objectif global du développement est de répondre aux besoins essentiels des populations. Logiquement, l'action développementale ne peut êre envisagée ni entreprise que s'il existe des besoins exprimés par la population : besoins physiques (infrastructures) et matériels (alimentation, habillement), besoins sociaux (santé, habitat), besoins intellectuels et mentaux (éducation). L'examen des conditions de vie actuelles de l'ensemble de la population de la zone révèle qu'elles sont devenues de plus en plus difficiles pour la majeure partie de la population par rapport au niveau de vie de la zone au seuil des années 60 et 72, par exemple. L'amélioration des conditions de vie de la population dans la zone est liée à la satisfaction préalable de leurs besoins essentiels. Cette satisfaction requiert la nécessité de disposer d'un environnement physique et socio-économique de qualité. Cet environnement déterminera dans une large mesure, la manière dont les individus et les communautés de la zone pourront réaliser leurs virtualiés, s'épanouir, faire valoir leurs dons et talents, créer, inventer, innover et améliorer le niveau et le cadre de vie. Cela est en relation avec le niveau de revenu de la population qui est en baisse comparativement aux années antérieures. Mais le problème majeur dans la zone réside dans l'édification de cet environnement socio-économique favorable, susceptible de répondre aux besoins essentiels des individus et des communautés. Cet environnement doit être édifié par les intéressés (unités monadiques) eux-mêmes. Toutefois, les problèmes évoqués dans la zone sont tels qu'on se trouve devant un cercle vicieux : l'environnement socio-économique favorable est indispensable pour la satisfaction des besoins essentiels ; or ces besoins ne sont pas satisfaits dans la plupart de cas parce que l'environnement ne le permet pas. Il revient à la population de la zone de chercher les voies et moyens pour rompre ce cercle vicieux en faisant appel à son ingéniosité et à son esprit d'initiative et de créativité.

Quelques constatations sur le niveau de vie de la population de la zone:

a) La population est jeune et en forte expansion démographique ; mais elle est affectée par le phénomène d'exode rural ;

b) Les agriculteurs connaissent des problèmes de rendement, de conflits de terres et d'accès aux bonnes terres ;

c) La durée des jachères est de plus en plus raccourcie, par suite de l'extension des cultures vivrières ; il en résulte une détérioration rapide des terrains de culture. Ce problème devient de plus en plus contraignant, car les sols de la zone présentent de degrés de fertilité fort différents et sont exposés en permanence à une dégradation progressive et rapide.

L'enquête note beaucoup de conflits des terres suite à l'insuffisance de terres comme les enquêtés l'affirment (70,1%). Les mêmes enquêtés (83%) affirment aussi que les bonnes terres pour l'agriculture sont suffisantes pour contenter tout le monde ;

d) L'habitat s'améliore de plus en plus et l'état de santé des populations est satisfaisant dans l'ensemble de la zone en comparaison des autres régions du pays. Quantitativement, le régime alimentaire est relativement suffisant, mais il souffre d'une certaine pénurie de protéines animales ; toutefois, les cas de sous-nutritus sont peu répandus et mêmes rares. L'incorporation du lait, aliment complet, dans l'alimentation des populations de la zone s'avère nécessaire. La prise du lait est inexistante dans les habitudes alimentaires de la zone.

La vulgarisation des aliments traditionnels comme le « *kikalakasa* » (*Psophocarpus scandens* Endl), « poids carré africain » et le « *mpempo* » (*Sphenostylis stenocarpa*) s'avère indispensable compte tenu des vertus protéiques de ces plantes, mais aussi et surtout, compte tenu des habitudes alimentaires de la population de la zone qui consomme plus de légumes que de viande. L'application des mesures d'hygiène reste à généraliser. Des mesures préventives comme l'usage des latrines sont largement appliquées dans les villages. Des habitudes favorables sont de plus en plus adoptées dans les domaines de l'habillement et de logement ; par exemple, le port de chaussures et la construction de maisons avec toiture en tôles.

Deux problèmes importants sont à signaler dans le domaine de la santé : la recrudescence de la trypanosomiase et de la tuberculose à partir de la frontière angolaise ainsi que les difficultés d'approvisionnement en eau. Si le nord de la zone est relativement bien pourvu en cours d'eau et en sources, les populations du sud rencontrent d'énormes difficultés surtout en saison sèche et partout les opérations de rouissage de manioc amer rencontrent des difficultés.

L'approvisonnement en eau potable laisse fortement à désirer, particulièrement dans le sud de la zone et dans les centres et cités urbains et extra-coutumiers comme Gombe-Matadi et Tumba. L'analphabétisme est en forte régression et les effectifs scolaires dans l'enseignement primaire et secondaire sont élevés.   L'économie agricole est axée essentiellement sur la commercialisation. L'action des services administratifs est réduite, si pas inexistante, à cause du manque des moyens logistiques appropriés. Dans son ensemble, cette population est très paisible et laborieuse. Nous pouvons ainsi affirmer que les actions de développement trouveront des dispositions favorables, à condition qu'elles y soient bien menées.

2.4.4. ATTITUDE ET CONNAISSANCE VIS-A-VIS DES PROBLEMES DE DEVELOPPEMENT

1. REPONSES RELATIVES AUX PROBLEMES DE DEVELOPPEMENT

TABLEAU 14. ATTITUDE ET CONNAISSANCE VIS-A-VIS DES PROBLEMES DE DEVELOPPEMENT

	Boko		Kivulu		Kwilu-Ngongo		Lunzadi		Gbe-Matadi		Gombe-Sud		Timansi		TOTAL	
		%		%		%		%		%		%		%		%
1. Sur la même surface de champ de manioc, récoltez- vous la même quantité comme à l'époque?																
Oui	231	23.08	139	45.45	120	22.32	73	48.52	72	25.66	160	45.59	182	27.54	977	29.7
Non	771	76.92	166	54.55	418	77.68	77	51.48	207	74.34	192	54.41	478	72.46	2309	70.3
TOTAL	1002	100	305	100	538	100	150	100	279	100	352	100	660	100	3286	100
2. La quantité récoltée est-elle en augmentation (oui) ou en diminution (non) ?																
Oui	354	35.35	84	27.54	185	34.41	87	57.99	91	32.77	166	47.06	149	22.61	1116	34
Non	648	64.65	221	72.46	353	65.59	63	53.85	188	67.23	186	52.94	511	77.39	2170	66
TOTAL	1002	100	305	100	538	100	150	100	279	100	352	100	660	100	3286	100
3. En vendant la récolte, avez-vous plus (oui) ou moins (non) d'argent par rapport aux années antérieures?																
Oui	424	42.34	109	35.83	101	18.7	71	47.34	187	66.85	122	34.56	184	27.85	1198	36.5
Non	578	57.66	196	64.17	437	81.3	79	52.66	92	33.15	230	65.44	476	72.15	2088	63.5
TOTAL	1002	100	305	100	538	100	150	100	279	100	352	100	660	100	3286	100
4. Les bonnes terres sont-elles encore nombreuses (oui) ou rares (non), par rapport aux années passées?																
Oui	349	34.88	126	41.18	114	21.2	17	11.24	14	5.06	70	19.85	198	29.91	888	27
Non	653	65.12	179	58.82	124	78.8	133	88.76	265	94.94	282	80.15	462	70.09	2398	73
TOTAL	1002	100	305	100	538	100	150	100	279	100	352	100	660	100	3286	100
5. Par rapport aux années antérieures, produisez-vous plus (oui) ou moins (non) ?																
Oui	130	13.04	131	42.78	158	29.43	78	52.07	86	30.52	264	75	112	16.55	959	29.2
Non	872	86.96	174	57.22	380	70.57	72	47.93	193	69.48	88	25	548	83.45	2327	70.8
TOTAL	1002	100	305	100	538	100	150	100	279	100	352	100	660	100	3286	100
6. Par rapport aux années antérieures, est ce que vous gagnez plus (oui) ou moins (non) d'argent?																
Oui	261	25.66	92	30.21	60	11.22	67	44.97	72	25.66	103	29.41	103	15.62	758	23.1
Non	741	74.34	213	69.79	478	88.78	83	55.03	207	74.34	249	7.59	557	84.38	2528	76.9
TOTAL	1002	100	305	100	538	100	150	100	279	100	352	100	660	100	3286	100
7. Par rapport aux années antérieures, la quantité vendue a-t-elle augmentée (oui) ou (non) ?																
Oui	47	4.7	46	15.24	48	8.85	34	22.49	16	5.81	42	11.76	102	15.42	335	10.2
Non	955	95.3	259	84.76	490	91.15	116	77.51	263	94.19	310	88.24	558	84.58	2951	89.8
TOTAL	1002	100	305	100	538	100	150	100	279	100	352	100	660	100	3286	100

Ce tableau montre que la situation socio-économique actuelle des individus est en régression par rapport au passé. Le revenu des individus a baissé par rapport aux années antérieures. Pour la même quantité de récolte vendue, il apparaît que les individus ont moins d'argent. Ceci est la conséquence de la combinaison des facteurs suivants : baisse de la production, baisse de rendements agricoles, rareté des bonnes terres, etc.

1. ANALYSE STATISTIQUE DES REPONSES RELATIVES AUX PROBLEMES DE DEVELOPPEMENT

TABLEAU 15. ATTITUDE ET CONNAISSANCE VIS-A-VIS DES PROBLEMES DE DEVELOPPEMENT

	SECTEURS														
	Boko		Kivulu		Kwilu-Ngong		Lunzadi		Gbe-Matadi		Gombe-Sud		Timansi		TOTAL	
	OUI	NON	OUI	NON	OUI	NON	OUI	NON	OUI	NON	OUI	NON	OUI	NON	OUI	NON
Q1.	231	771	139	166	120	418	73	77	72	207	160	192	182	478	977	2309
Q2.	354	648	84	221	185	353	87	63	91	188	166	186	149	511	1116	2170
Q3.	424	578	109	196	101	437	71	79	187	92	122	230	184	476	1198	2088
Q4.	349	653	126	179	114	124	17	133	14	265	70	282	198	462	888	2398
Q5.	130	872	131	174	158	380	78	72	86	193	264	88	112	548	959	2327
Q6.	261	741	92	213	60	478	67	83	72	207	103	249	103	557	758	2528
Q7.	47	955	46	259	48	490	34	116	16	263	42	310	102	558	335	2951
TOTA	1796	5218	727	1408	786	2680	427	623	538	1415	927	1537	1030	3590	6231	16.771

Nous posons l'ho suivante : Il n'ya pas de différence significative entre les réponses des individus.

Fréquences Observées (fo) et fréquences Théoriques (fe)

	fo	fe	fo	fe	fo	fe	fo	fe	fo	fe	fo	fe	fo	TOTAL
Oui	1796	1900	727	578.3	786	938.9	427	284.4	538	529	927	667.5	1030	1252	6231
Non	5218	5114	1408	1557	2680	2527	623	765.6	1415	1424	1537	1797	3590	3369	6771
Total	7014		2135		3466		1050		1953		2464		4620		23002

$X^2 =$ $(1796 - 1900)^2/1900 + (727 - 578,3)^2/578,3 + (786 - 938,9)^2/938,9 + (427 - 284,4)^2/284,4 + (538 - 529)^2/529 +$
$(927 - 667,5)^2/667,5 + (1030 - 12.51)^2/1251,5 + (1537 - 1796,5)^2/1796,5 + (3590 - 3368,5)^2/3368,5$
$(5218 - 5114)^2/5114 + (1408 - 1556,7)^2/1556,7 + (2680 - 2527,1)^2/2527,1 + (623 - 765,6)^2/765,6 + (1415 - 1424)^2/1424 +$

$X^2 =$ $(-104)^2/1900 + (148,7)^2/578,3 + (- 152,9)^2/938,9 + (142,6)^2/284,4 + (9)^2/529 + (259,5)^2/667,5 + (-221,5)^2/1251,5 +$
$(104)^2/5114 + (148,7)^2/1556,7 + (153)^2/2527,1 + (-142,6)^2/765,6 + (9)^2/1424 + (- 259,5)^2/1796,5 + (221,5)^2/3368,5$

$X^2 =$ $5,7 + 38,2 + 24,9 + 71,5 + 0,15 + 100,9 + 39,2 + 2,1 + 14,2 + 9,3 + 26,6 + 0,1 + 37,5 + 14,6$
$X^2 =$ 385

Conclusion

Comme X^2 table $(0,95)$ est $<$ au X^2 calculé, $(dl = 36)$, nous rejettons l'Ho;
On conlut que la différence entre les réponses des individus est significative au seuil de 0,05.
De ce fait, l'attitude et la connaissance des individus aux problèmes de développement est différente dans les différents secteurs de la zone.

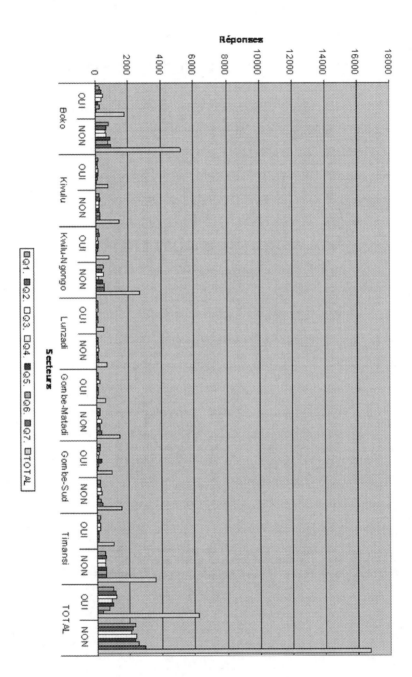

Fig.8 : Attitude et connaissance des individus vis-à-vis des problèmes de développement

Le développement socio-économique de la zone passe nécessairement par le développement de l'agriculture, mais aussi par l'aménagement de tout l'espace rural de la zone. Sur le plan socio-économique, le développement de la zone doit s'intégrer dans l'économie régionale. Cette intégration requiert de développer les capacités de coordination, de production et de diffusion des informations socio-économiques qui permettront d'orienter efficacement les intentions d'investissements dans la zone de manière à produire le meilleur impact économique. Plus fondamentalement, une nouvelle vision du développement rural et agricole doit être envisagée dans la zone. Il faut une augmentation rapide et continue de la productivité agricole, mais cela implique un soutien à l'innovation en vue d'améliorer cette productivité. En effet, 70,8% des enquêtés affirment qu'ils produisent moins par rapport aux années antérieures ; d'autres admettent une diminution de la quantité vendue (89,8%). Sur une même surface de champ de manioc, 70,3% des enquêtés disent qu'ils ne récoltent plus la même quantité et 66% que la quantité récoltée est en diminution. Pour accroître la productivité agricole, il faudra initier les paysans à l'utilisation des nouvelles technologies, à l'amélioration de leurs connaissances en réponse à des nouvelles opportunités et menaces; adapter l'agriculture de la zone à l'évolution des modes de consommation et faire accéder les paysans aux opportunités du marché ; c'est le cas du projet de recherche sur la chikwangue améliorée, etc. Cela confirme le rôle irremplaçable et multifonctionel de l'agriculture pour la croissance économique et la lutte contre la pauvreté dans la zone. Cette pauvreté est occasionnée en grande partie par la baisse de revenu de la population. Par rapport aux années antérieures, les enquêtés disent avoir moins d'argent (63.5%) en vendant la récolte qui est la source principale de revenu. Au sujet du problème de dégradation des sols dans la zone, une stratégie d'adaptation au niveau local et régional menée à travers un large spectre d'écosystèmes agricoles fournirait une aide considérable aux décideurs et aux communautés locales pour lutter contre les effets de cette dégradation. Il y a des questions d'orientation stratégique interne suivant le modèle monade de développement proposé. L'une de ces questions est de savoir s'il faut s'appuyer sur l'agriculture familiale ou développer un entreprenariat agricole. Beaucoup d'intervenants dans la zone et aussi des décideurs pensent que nos paysans sont incapables de moderniser notre agriculture. Quelques plans de développement décidés récemment dans la zone relèvent d'une telle conception. L'enjeu est bien de décider quelle forme de production agricole nous voulons pour la zone.S'il s'agit d'aider les exploitations familiales à transformer leur agriculture quitte en adoptant des formes d'entreprenariat, alors il faudra aider les jeunes ruraux, qui sont dans le secteur de l'agriculture, à passer à l'entreprenariat agricole.

Quand toutes les conditions auront été fixées, nous pouvons définir une vision du développement agricole de la zone sur les points suivants :

a)   D'abord, nourrir la population de la zone, contrairement à ce qui est souvent proposé, à savoir s'orienter exclusivement vers les marchés des grands centres urbains (Kinshasa). L'immense marché qui s'ouvre à la zone est celle de sa propre population et de son alimentation, avec le développement des écoles et des internats, des hôpitaux, des casernes militaires, etc. ;

b)   Développer des activités et des emplois non agricoles autour de l'agriculture pour lutter contre l'exode rural ; d'où la nécessité de développer l'artisanat ;

c)   Comme jadis, créer une citoyenneté rurale aussi riche, acceptable et attirante pour les jeunes que la citoyenneté urbaine. Actuellement, le jeune rural se sent défavorisé, désavantagé, complexé et dévalorisé par rapport à son collègue urbain.

Cette vision du développement de la zone s'appuie nécessairement sur les agricultures familiales (unités monadiques), qui doivent être au coeur des politiques agricoles. Il faut les aider à se transformer, et même à devenir des entreprises agricoles conformes au modèle monade de développement.

2.4.5. ATTITUDE ET CONNAISSANCE VIS-A-VIS DE LA PRISE DE CONSCIENCE

TABLEAU 16 : ATTITUDE ET CONNAISSANCE VIS-A-VIS DE LA PRISE DE CONSCIENCE

SECTEURS	Boko	%	Kivulu	%	KwNgongo	%	Lunzadi	%	GbeMatadi	%	Gbe-Sud	%	Timansi	%
1. Les bonnes terres sont devenues rares dans la zone. Que faire pour les sauvegarder?														
La pratique de "Nkunku"	18	12.3	17	17.5	13	9.6	21	19	37	34.3	26	22.2	18	12.6
Interdire le feu de brousse	10	6.8	21	21.6	9	6.6	13		29	26.9	16	13.7	25	17.5
Aucune solution n'est connue	92	63	52	53.6	86	63.2	56	51.9	46	42.6	49	41.9	77	53.8
Diverses opinions	26	17.8	7	7.2	28	20.6	18	16.7	16	14.8	26	22.2	23	16.1
TOTAL	146	100	97	100	136	100	108	100	128	100	117	100	143	100
2. Quelles sont les causes de la dégradation des terres dans la zone?														
Pratiques agricoles, mauvaises semences	47	32.2	24	24.7	33	24.3	19	17.6	32	25	27	23.1	17	11.9
Causes naturelles et écologiques	6	4.1	8	8.2	14	10.3	17	15.7	26	20.3	23	19.7	51	35.7
Causes non connues (ignorées)	86	58.9	61	62.9	78	57.4	63	58.3	54	42.2	52	44.4	67	46.9
Diverses opinions	7	4.8	4	4.1	11	8.1	9	8.3	16	12.5	15	12.8	8	5.6
TOTAL	146	100	97	100	136	100	108	100	128	100	117	100	143	100
3. Quelles sont les causes qui freinent le développement de votre village?														
La sorcellerie (Kindoki)	43	29.5	11	11.3	14	10.3	5	4.6	31	24.2	7	6	7	4.9
Conflits de terres	9	6.2	9	9.3	38	27.9	11	10.2	12	9.4	17	14.5	13	9.1
La jalousie et la mésente	7	4.8	17	17.5	22	16.2	9	8.3	23	18	21	17.9	27	18.9
Manque d'infrastructures	77	52.7	43	44.3	53	39	77	71.3	53	41.4	61	52.1	81	56.6
Diverses opinions	10	6.8	17	17.5	9	6.6	6	5.6	9	7	11	9.4	15	10.5
TOTAL	146	100	97	100	136	100	108	100	128	100	117	100	143	100
4. La pratique de feu de brousse contribue-t-elle à la dégradation des terres?														
Oui	53	36.3	10	10.3	37	27.2	40	37	63	49.2	36	30.8	83	58
Non	93	63.7	87	89.7	99	72.8	68	63	65	50.8	81	69.2	60	42
TOTAL	146	100	97	100	136	100	108	100	128	100	117	100	143	100
5. Comment mettre fin au feu de brousse dans la zone?														
Il faut l'entente entre les villages	61	41.8	43	44.3	69	50.7	53	49.1	68	53.1	57	48.7	83	58
Il faut punir les coupables	23	15.8	11	11.3	28	20.6	26	24.1	26	20.3	17	14.5	7	4.9
La pratique des "nkunku"	49	33.6	26	26.8	31	22.8	19	17.6	21	16.4	29	24.8	37	25.9
Diverses opinions	13	8.9	17	17.5	8	5.9	10	9.3	13	10.2	14	12	16	11.2
TOTAL	146	100	97	100	136	100	108	100	128	100	117	100	143	100
6. Pourquoi les conflits de terres sont-ils devenus nombreux dans la zone?														
Causes démographiques	15 10		5 5		31	22.8	14	13	21	16.4	32	27.4	22	15.4
Mauvaise entente entre les villages	72 49		57 59		25	18.4	37	34.3	32	25	21	17.9	15	10.5
Non respect des limites connues	46	31.5	32	33	63	46.3	46	42.6	59	46.1	53	45.3	79	55.2
Diverses opinions	13	8.9	3	3.1	17	12.5	11	10.2	16	12.5	11	9.4	27	18.9
TOTAL	146	100	97	100	136	100	108	100	128	100	117	100	143	100
7. Que faire pour améliorer les conditions de vie dans nos villages?														
L'entente entre les membres du village	86	58.9	55	56.7	82	60.3	33	30.6	53	41.4	29	24.8	47	32.9
Mettre fin à la sorcellerie, jalousie	54	37	26	26.8	57	41.9	57	52.8	42	32.8	42	35.9	73	51
Diverses opinions	6	4.1	16	16.5	24	17.6	18	16.7	33	25.8	46	39.3	23	16.1
TOTAL	146	100	97	100	136	100	108	100	128	100	117	100	143	100
8. Pourquoi l'Etat a interdit les feux de brousse?														
Pour la reproduction des animaux	32	21.9	16	16.5	8	5.9	13	12	30	23.4	27	23.1	15	10.5
Raisons non connues	78	53.4	59	60.8	93	68.4	72	66.7	67	52.3	71	60.7	91	63.6
Diverses opinions	37	25.3	22	22.7	35	25.7	23	21.3	31	24.2	19	16.2	37	25.9
TOTAL	146	100	97	100	136	100	108	100	128	100	117	100	143	100

Ce tableau reflète plus les opinions des villageois que des citadins. En effet, les problèmes évoqués sont plus d'acuité en milieu rural qu'urbain et sont vécus directement par les unités monadiques. Il s'agit des problèmes de feu de brousse, de conflit de terres qui sont cruciaux dans la zone. Au regard de ce tableau la prise de conscience n'est pas encore effective dans les communautés ("bana ngudi").

	Boko		Kivulu		Kwilu-Ngongo		Lunzadi		Gbe - Matadi		Gbe - Sud		Timansi		TOTAL	
SECTEURS		%		%		%		%		%		%		%		%
1. Etes-vous conscient que les bonnes terres sont devenues rares ?																
Oui	1002	99.71	252	82.62	514	95.6	103	68.64	211	75.84	347	98.53	645	97.84	3074	93.5
Non	0	0.29	53	17.38	24	4.4	47	31.36	68	24.16	5	1.47	15	2.16	212	6.5
TOTAL	1002	100	305	100	538	100	150	100	279	100	352	100	660	100	3286	100
2. Reconnaissez-vous que la production agricole a diminué par rapport aux années antérieures?																
Oui	998	99.65	296	97.1	529	98.3	131	87.6	224	80.34	337	95.7	645	78.31	3036	92.4
Non	4	0.35	9	2.9	9	1.7	19	12.4	55	15.36	15	4.3	15	21.7	250	7.6
TOTAL	1002	100	305	100	538	100	150	100	279	100	352	100	660	100	3286	100
3. Est -ce que votre revenu a baissé à cause de la baisse de la récolte?																
Oui	831	82.97	239	78.34	360	67.03	93	62.13	236	84.64	215	61.03	462	69.99	2436	74.1
Non	171	17.03	66	21.66	178	12.97	57	37.87	43	15.36	137	38.97	198	30.01	850	25.9
TOTAL	1002	100	305	100	538	100	150	100	279	100	352	100	660	100	3286	100
4. N'est-il pas urgent d'améliorer la qualité de sols et d'y remédier à sa dégradation ?																
Oui	944	94.19	293	95.99	537	99.75	149	99.41	273	97.94	350	99.26	612	9270	3158	96.1
Non	58	5.81	12	4.1	1	0.25	1	0.59	6	2.06	2	0.74	48	7.3	128	3.9
TOTAL	1002	100	305	100	538	100	150	100	279	100	352	100	660	100	3286	100
5. Pour améliorer la qualité des sols, ne pensez-vous pas qu'il est aussi nécessaire de changer la façon de cultiver le sol ?																
Oui	530	52.91	202	66.31	388	72.19	79	52.66	169	60.49	310	88.24	517	78.31	2195	66.8
Non	472	47.09	103	33.69	150	27.81	71	47.34	110	39.51	42	11.76	143	21.69	1091	33.2
TOTAL	1002	100	305	100	538	100	150	100	279	100	352	100	660	100	3286	100
6. Ne pensez-vous pas qu'il y a lieu de craindre une famine si cette situation persiste?																
Oui	878	87.61	188	61.76	426	79.05	85	56.8	138	49.25	215	61.03	477	72.25	2407	73.3
Non	124	12.39	117	38.24	112	20.95	65	43.2	141	50.75	137	38.97	183	27.75	879	26.7
TOTAL	1002	100	305	100	538	100	150	100	279	100	352	100	660	100	3286	100
7. Pour l'exécution d'un travail, est-il préférable de se regrouper ensemble (oui) ou de travailler isolément (non)?																
Oui	844	84.15	280	91.7	107	19.8	66	43.8	135	48.3	277	78.7	367	55.6	2076	63.2
Non	158	12.39	25	8.3	431	80.2	84	56.2	144	51.7	75	21.3	293	27.75	1210	36.8
TOTAL	1002	100	305	100	538	100	150	100	279	100	352	100	660	100	3286	100
8. Accepteriez-vous l'idée de vous regrouper ensemble pour assurer le développement de votre village et de votre région?																
Oui	747	74.63	290	95.19	353	65.7	113	75.15	215	77.15	272	77.21	405	61.36	2395	72.9
Non	255	25.4	15	4.81	185	34.3	37	24.85	64	22.85	80	22.79	255	38.64	891	27.1
TOTAL	1002	100	305	100	538	100	150	100	279	100	352	100	660	100	3286	100
9. Les terres de savane (oui) et celles de la forêt (non), lesquelles préférez-vous pour l'agriculture?																
Oui	530	52.91	132	43.32	415	77.2	65	43.2	113	40.64	132	37.5	291	44.09	1678	51.1
Non	472	47.09	173	56.68	123	22.8	85	56.8	166	59.36	220	62.5	369	55.91	1608	48.9
TOTAL	1002	100	305	100	538	100	150	100	279	100	352	100	660	100	3286	100
10. Est-il important et vraiment nécessaire d'avoir des bonnes terres pour pratiquer l'agriculture ?																
Oui	1002	100	305	100	533	99	141	94.08	277	99.44	352	100	659	99.9	3269	99.5
Non	0	0	0	0	5	1	9	5.92	2	0.56	0	0	1	0.1	17	0.5
TOTAL	1002	100	305	100	538	100	150	100	279	100	352	100	660	100	3286	100
11. Est -il nécessaire qu'on vous montre d'autres techniques ou méthodes agricoles pour améliorer le rendement?																
Oui	1002	100	305	100	538	100	150	100	178	99.81	344	97.79	660	100	3277	99.7
Non	0	0	0	0	0	0	0	0	1	0.19	8	2.21	0	0	9	0.3
TOTAL	1002	100	305	100	538	100	150	100	279	100	352	100	660	100	3286	100
12. Avant de travailler le champ, prenez-vous soins de choisir son emplacement?																
Oui	1002	100	305	100	538	100	150	100	279	100	352	100	660	100	3286	100
Non	0	0	0	0	0	0	0	0	0	0	0	0	0	0	0	0
TOTAL	1002	100	305	100	538	100	150	100	279	100	352	100	660	100	3286	100
13. La récolte de votre champ, a -t- elle lieu immédiatement après la maturité des cultures ?																
Oui	1002	100	305	100	538	100	150	100	279	100	352	100	660	100	3286	100
Non	0	0	0	0	0	0	0	0	0	0	0	0	0	0	0	0
TOTAL	1002	100	305	100	538	100	150	100	279	100	352	100	660	100	3286	100

Au regard des réponses des individus, la prise de conscience n'est pas encore totale. Cela se concrétise d'ailleurs, par certains actes comme le feu de brousse, la déforestation, qui contribuent à la dégradation de l'environnement. Mais, il y a une volonté d'ouverture aux techniques culturales nouvelles. Cela nécessite un travail d'éducation et de conscientisation parce que, les problèmes ne sont pas perçus de la même manière dans la zone.

1. ANALYSE STATISTIQUE DES REPONSES RELATIVES A LA PRISE DE CONSCIENCE

TABLEAU 18. ATTITUDE ET CONNAISSANCE VIS-A-VIS DE LA PRISE DE CONSCIENCE

	BOKO		KIVULU		KWILU-NGONGO		LUNZADI		GOMBE-MATADI		GOMBE-SUD		TIMANSI		TOTAL	
	OUI	NON	OUI	NON	OUI	NON	OUI	NON	OUI	NON	OUI	NON	OUI	NON	OUI	NON
Q1.	1002	0	252	53	514	24	103	47	211	68	347	5	645	15	3074	212
Q2.	998	4	296	9	529	9	131	19	224	55	337	15	517	143	3036	250
Q3.	831	171	239	66	360	178	93	57	236	43	215	137	462	198	2436	850
Q4.	944	58	293	12	537	1	149	1	273	6	350	2	612	48	3158	128
Q5.	530	472	202	103	388	150	79	71	169	110	310	42	517	143	2195	1091
Q6.	878	124	188	117	426	112	85	65	138	141	215	137	477	183	2407	879
Q7.	844	158	280	25	107	431	66	84	135	144	277	75	367	293	2076	1210
Q8.	747	255	290	15	353	185	113	37	215	64	272	80	405	255	2395	891
Q9.	530	472	132	173	415	123	65	85	113	166	132	220	291	369	1678	1608
Q10.	1002	0	305	0	533	5	141	9	277	2	352	0	659	1	3269	17
Q11.	1002	0	305	0	538	0	150	0	279	1	344	8	660	0	3277	9
Q12.	1002	0	305	0	538	0	150	0	279	0	352	0	660	0	3286	0
Q13.	1002	0	305	0	538	0	150	0	279	0	352	0	660	0	3286	0
TOTAL	11.312	1714	3392	573	5776	1218	1475	475	2269	800	3855	721	6932	1648	35.573	7145

Nous posons l'hypothèse nulle (Ho) : Il n'ya pas de différence significative entre les réponses des individus.

FREQUENCES OBSERVEES (fo) ET FREQUENCES THEORIQUES (fe)

	fo	fe	fo	fe	fo	fe	fo	fe	fo	fe	fo	fe	fo	fe	TOTAL
OUI	11312	10847	3392	3302	5776	5824	1475	1624	2269	2556	3855	3811	6932	7145	35573
NON	1714	2179	573	663.2	1218	1170	475	326.2	800	513.3	721	765.4	1648	1435	7145
TOTAL	13026		3965		6994		1950		3069		4576		8580		42718

$X^2 = (11312 - 10847,3)^2/10847,3 + (3392 - 3301,8)^2/3301,8 + (577 - 5824,2)^2/5824,2 + (1475 - 1623,8)^2/1623,8 + (3855 - 3810,6)^2/3810,6 + (6932 - 7144,9)^2/7144,9 + (2269 - 2555,7)^2/2555,7 + (475 - 326,2)^2/326,2 + (1714 - 2178,7)^2/2178,7 + (573 - 663,2)^2/663,2 + (1218 - 1169,8)^2/1169,8 + (800 - 513.3)^2/513.3 + (721 - 765,4)^2/765,4 + (1648 - 1435,1)^2/1435,1 +$

$X^2 = (464,7)^2/10847,3 + (90,2)^2/3301,8 + (-48,2)^2/5824,2 + (-148,8)^2/1623,8 + (-286,7)^2/2555,7 + (44,4)^2/3810,6 + (-212,9)^2/7144,9 + (-44,4)^2/765,4 + (212,9)^2/1435,1 (-464,7)^2/2178,7 + (-90,2)^2/663,2 + (48,2)^2/1169,8 + (148,8)^2/326,2 + (286,7)^2/513,3 +$

$X^2 = 20 + 2,5 + 0,4 + 13,6 + 32,2 + 0,5 + 6,3 + 99,1 + 12,3 + 1,98 + 67,9 + 160,1 + 2,6 + 31,6$
$X^2 = 451$

Conclusion

Comme X^2 table(0,95)< X^2 calculé (451,1), (dl = 72), nous rejettons l'(ho).
Nous concluons que la différence entre les réponses des individus des différents secteurs de la zone est significative au seuil de 0,05. De ce fait, l'attitude et la connaissance des individus au regard de la prise de conscience est différente dans les différents secteurs.

123

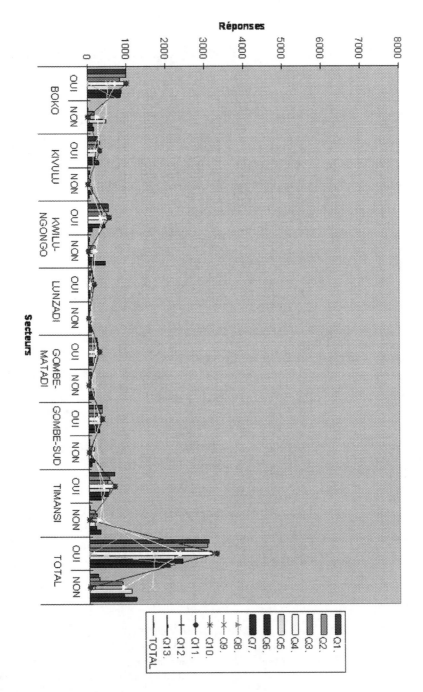

Fig. 9 : Attitude et connaissance vis-à-vis de la prise de conscience

La prise de conscience graduelle et progressive des conséquences et des implications de problèmes d'environnement et de développement (tableaux 16 et 17) dans la zone évoqués dans la problématique doit se doubler d'un sens plus aigu de la solidarité entre les différentes communautés familiales, claniques, tribales, religieuses et politiques de la zone. Les enquêtés (63,2%) affirment leur volonté de se regrouper pour exécuter ensemble un travail et 72,9% d'entre eux affirment cette même volonté de se regrouper pour assurer le développement du village et de la région. Une meilleure gestion de l'environnement dans l'intérêt de la population doit tendre à un meilleur développement socio-économique de la zone. Les enquêtés (92,4%) reconnaissent que la production agricole a diminué par rapport aux années antérieures, tout comme ils reconnaissent (74,1%) la baisse de revenu à cause de la baisse de la récolte. Les enquêtés (96,1%) estiment qu'il est urgent d'améliorer la qualité des sols dans la zone et de remédier à sa dégradation.

Cette timide prise de conscience dans la zone doit être renforcée par une éducation dont la finalité est le changement des valeurs et des attitudes individuelles et collectives. Les enquêtés (99,5%) savent qu'il est important d'avoir de bonnes terres pour pratiquer l'agriculture et acceptent (99,7%) d'apprendre d'autres techniques ou méthodes agricoles pour améliorer le rendement. Dans la province en général et dans la zone en particulier, on observe de plus en plus l'éveil de l'expression de la société civile à travers les associations et divers intervenants (ONG). C'est une réalité aux défis multiples. L'amélioration de la diffusion d'informations et la mobilisation de l'opinion publique, notamment parmi la jeunesse, seraient un facteur important pour une meilleure prise de conscience des problèmes de développement et d'environnement dans la zone. Le processus de développement implique une évolution dans les mentalités de la population. Cette évolution est le fruit d'un autre processus par essai et erreur dans lequel l'éducation joue un rôle fondamental au niveau de la transformation des structures sociales et des mentalités. Malheureusement, quelques obstacles bloquent ce processus d'évolution, soit le freinent ou le détournent de ses finalités. Parmi ces obstacles, nous citerons[16]:

1. L'IGNORANCE

Cet obstacle dérive du fait largement reconnu que l'on ne peut attendre un changement ou un comportement précis de la part de quelqu'un qui n'y est pas préparé. Les causes de la dégradation des terres sont ignorées (47%) dans la zone, alors que 36% des enquêtés les imputent à des causes naturelles. Il ne faut donc pas s'attendre à ce que la population de la zone se mette du jour au lendemain à agir comme nous pourrions le souhaiter, et à prendre des décisions conformes aux objectifs de son bien-être. La population dans sa grande majorité n'éprouve nullement le besoin de modifier sa façon d'agir. Bien que 93,5% de nos enquêtés soient conscients que les bonnes terres sont rares, certaines pratiques préjudiciables comme le feu de brousse sont toujours d'application. La question est de savoir quelles actions (techniques culturales ou méthodes agricoles) ont été envisagées et vulgarisées auprès de la population pour remplacer la pratique de feu de brousse pour l'agriculture.

L'enquête révèle que 66,8% des enquêtés pensent qu'il est nécessaire de changer la façon de cultiver le sol même si leur préférence est pour les terres de la forêt (51,1%). Malgré la préférence pour les terres forestières à des fins agricoles, la population de la zone est savanicole. Toutes proportions gardées, il faut se rendre à l'évidence que rien dans nos communautés ne peut accélérer dans nos communautés la lente maturation et le phénomène d'accumulation des données ainsi que les éléments d'expérience qui sous-tendent le changement et le rendent possible. Ce n'est en définitive que par une action éducative au sens large (information, vulgarisation,

---

[16]   M. MALDAGUE, op.cit., p. 65.

démonstration, participation, communication, instruction) que l'on comblera les lacunes qui maintiennent la majeure partie de la population dans le développement mal orienté, et que l'on accélèra le progrès dans la zone. Et comme le processus éducatif exige du temps, c'est en termes de générations qu'il faudra parfois compter pour amener un changement sensible d'attitudes et des comportements. En effet, le processus de développement ne peut pas dépasser un certain rythme, et aucune mesure coercitive ne pourrait accélérer ce processus. Autrement, c'est au résultat inverse que l'on aboutirait, parce que le développement et le souci d'améliorer les conditions d'existence des communautés et leur cadre de vie impliquent la participation active des individus et des groupes sociaux.

La capacité d'accueillir et d'assimiler le changement se développe progressivement, car il faut passer par les niveaux affectifs (sensibilisation et prise de conscience) d'abord, ensuite cognitifs (compréhension des problèmes et accumulation des connaissances) avant d'en arriver à l'étape de la réflexion et de l'action. On ne peut cependant forcer le rythme d'imprégnation par les valeurs, les données, les éléments de changement, au risque de rencontrer une résistance et d'aboutir à ériger un nouvel obstacle.

2. L'INERTIE AU CHANGEMENT

La majorité de la population préfère le statut quo plutôt que de s'engager vers une voie nouvelle dont on ne connaît pas l'issue. En milieu rural, la tradition se répète d'une façon inconsciente et aveugle. Tous les mécanismes sociaux tendent à intégrer l'individu dans un cadre de pensée qui perpétue une situation qu'il faudrait voir évoluer. Deux problèmes sociaux majeurs caractérisés par l'inertie au changement méritent un changement de mentalité rapide parce qu'ils constituent un frein au développement de la zone. Il s'agit des conflits de terres et de la sorcellerie. L'enquête révèle que le problème des conflits de terres est imputable beaucoup plus au non respect des limites connues (55,2%) qu'à des causes démographiques (15,4%). Par contre, la sorcellerie (4,9%) reste sans solution durable. Le monde de l'éducation lui-même n'a pas encore vraiment pris conscience des messages lui indiquant la nouvelle voie à suivre. Il ne peut y avoir de développement économique dans la zone si l'on ne concilie pas les valeurs traditionnelles et les impératifs d'efficacité et d'accumulation économique, et si l'on ne prend pas en compte les techniques de gestion autochtones efficaces. Cette renaissance n'est pas synonyme d'un retour aux sources ancestrales et traditionnelles, mais une capitalisation de ce savoir traditionnel et ancestral afin de l'adapter aux conditions actuelles contemporaines[17]. Des valeurs ancestrales comme la solidarité, l'altruisme, la probité morale, le sens de l'intérêt de la communauté, etc. existent à même de permettre cet effort de développement dans la zone contrairement à certaines valeurs occidentales importées comme, l'individualisme et l'égoïsme, etc. La pratique de feux de brousse est reconnue comme une des causes de la dégradation des terres (58%). Des solutions à ces problèmes sont envisagées, notamment l'entente entre les villages (58%) et la punition des coupables (49%). Par contre, on ignore pourquoi l'Etat a interdit les feux de brousse.

Les enquêtés (63,6%) pensent que c'est pour des raisons non connues, tandis que 10,5% d'eux attribuent la cause à la reproduction des animaux. Cette nouvelle approche du développement doit concilier deux buts parfois contradictoires, à savoir l'accumulation des richesses (revenus) et la redistribution (équité). Comme chacun le sait, la croissance économique s'accompagne généralement d'inégalités et de déséquilibres sociaux et économiques. Et comme dans les mentalités de la population, la solidarité prime la réussite individuelle, le problème est de minimiser l'impact des déséquilibres. L'expérience montre que les déséquilibres sont mieux tolérés dans le cadre de la famille. En d'autres termes, la réussite de

---

[17] Suivant la politique de l'authenticité prônée par feu le président Mobutu Sese Seko.

certains membres de la famille ou du clan suscite optimisme et empathie chez d'autres membres, qui espèrent en profiter par l'effet des retombées ou de la redistribution directe. Et pourtant, d'autres sociétés ont réussi à se moderniser sans rien sacrifier de leurs coutumes, de leur culture ou de leurs valeurs traditionnelles. C'est le cas du Japon, de la Corée, de Taïwan, c'est-à-dire des pays asiatiques qui ont atteint des niveaux élevés de production et un stade technologique avancé tout en préservant leur identité nationale. L'acculturation n'est donc pas une condition préalable au développement et quelle que soit la voie choisie, il n'y a pas de développement durable sans une prise en compte des besoins et de la culture des bénéficiaires[18]. En conséquence, nous proposons dans le cadre d'une politique de développement de la zone, la recherche des techniques les plus éprouvées qui peuvent être utilisées pour mettre au point une approche plus efficace et plus satisfaisante dans le cadre de la gestion des actions du développement de la zone. L'idéal serait de s'inspirer et d'élargir aux entreprises de la zone et de la région la notion de solidarité qui s'exerce dans le cadre de la famille, afin de relever si possible, le seuil de tolérance face aux déséquilibres qui accompagnent inévitablement le développement.

2.5. LE MODELE MONADE DE DEVELOPPEMENT ET L'ASPECT EDUCATIF (CULTURE) DE LA POPULATION

Comme dit plus haut, la seconde partie de l'enquête a porté sur le modèle monade de développement et l'aspect éducatif (culture) de la population, ainsi que sur les unités monadiques « *ngudi* » et les liaisons monadiques. Il sera question ici de l'unité dans la diversité ainsi que de l'attitude et de la connaissance vis-à-vis de la culture Kongo.

---

[18] MAMADOU DIA, op.cit., p.21.

TABLEAU 19. ATTITUDE ET CONNAISSANCE VIS-A-VIS DU MODELE MONADE DE DEVELOPPEMENT

QUESTIONS	Boko	%	Kivulu	%	KwNgongo	%	Lunzadi	%	GbeMatadi	%	GbeSud	%	Timansi	%
1. Qui sont les premiers acteurs (responsables) pour le développement du village?														
Nous les "besi kanda" (membres du clan)	83	56.8	51	52.6	39	28.7	77	71.3	53	41.4	49	41.9	88	61.5
L'Etat et les autres communautés aussi	63	43.2	46	47.4	97	71.3	31	28.7	75	58.6	68	58.1	55	38.5
TOTAL	146	100	97	100	136	100	108	100	128	100	117	100	143	100
2. Pourriez-vous partager les terres du clan avec les membres des villages voisins?														
Oui, mais ce n'est pas pratique	37	25.3	14	14.4	62	45.6	44	40.7	56	43.8	36	30.8	55	38.5
Non, pour éviter des conflits	109	74.7	83	85.6	74	54.4	64	59.3	72	56.3	81	69.2	88	61.5
TOTAL	146	100	97	100	136	100	108	100	128	100	117	100	143	100
3. Votre richesse, c'est pour vous-même ou aussi pour partager avec les autres membres du clan (ngudi)?														
C'est pour les autres "bana ngudi" aussi	91	62.3	54	55.7	67	49.3	67	62	46	35.9	60	51.3	77	53.8
C'est pour moi mais il faut partager aussi	45	30.8	41	42.3	63	46.3	41	38	53	41.4	37	31.6	44	30.8
Diverses opinions	10	6.8	2	2.1	4	2.9	0	0	29	22.7	20	17.1	22	15.4
TOTAL	146	100	97	100	136	100	108	100	128	100	117	100	143	100
4. Pourquoi l'entente et la solidarité sont importantes entre tous les "besi kanda" (membres du clan)?														
Le fil du clan ne se coupe pas	11	7.5	13	13.4	62	45.6	57	52.8	48	37.5	55	47	66	46.2
Pour raison de solidarité et d'entraide	56	38.4	48	49.5	53	39	25	23.1	61	47.7	30	25.6	22	15.4
Pour mieux se défendre (sécurité)	79	54.1	36	37.1	21	15.4	26	24.1	19	14.8	32	27.4	55	38.5
TOTAL	146	100	97	100	136	100	108	100	128	100	117	100	143	100
5. Accepteriez-vous qu'un étranger au clan puisse prendre pouvoir au village ?														
Non, jamais	146	100	97	100	136	100	108	100	128	100	117	100	143	100
Oui, mais ce n'est pas pratique	0	0	0	0	0	0	0	0	0	0	0	0	0	0
TOTAL	146	100	97	100	136	100	108	100	128	100	117	100	143	100
6. Pensez-vous que si les villages sont développés, le pays aussi sera développé?														
Oui, c'est vrai	137	93.8	78	80.4	101	74.3	51	47.2	73	57	79	67.5	59	41.3
Non, tout dépends de l'Etat	9	6.2	19	19.6	35	25.7	57	52.8	55	43	38	32.5	84	58.7
TOTAL	146	100	97	100	136	100	108	100	128	100	117	100	143	100
7. Est-ce que la zone ou la province peut être développée sans développer les villages ?														
Oui	39	26.7	44	45.4	24	17.6	51	47.2	47	36.7	21	17.9	73	51
Non, la nourriture vient des villages	103	70.5	53	54.6	67	49.3	15	13.9	42	32.8	71	60.7	54	37.8
Diverses opinions	4	2.7	0	0	45	33.1	42	38.9	39	30.5	25	21.4	16	11.2
TOTAL	146	100	97	100	136	100	108	100	128	100	117	100	143	100
8. Pourquoi nous disons l'expression "kimvuama kia kanda" (richesse du clan)?														
La richesse, c'est pour aider la famille	64	43.8	31	32	47	34.6	31	28.7	40	31.3	49	41.9	66	46.2
L'individu appartient d'abord au clan	37	25.3	29	29.9	62	45.6	43	39.8	51	39.8	35	29.9	44	30.8
Raisons de solidarité	38	26	37	38.1	21	15.4	23	21.3	37	28.9	14	12	23	16.1
Diverses opinions	7	4.8	0	0	6	4.4	11	10.2	0	0	19	16.2	10	7
TOTAL	146	100	97	100	136	100	108	100	128	100	117	100	143	100
9. Accepteriez-vous de vendre une partie de vos terres à un étranger?														
Non, jamais, la terre ne se vends pas	146	0	91	93.8	132	97.1	105	97.2	127	99.2	117	100	141	98.6
Si tu vends la terre, tu deviens esclave	0	0	6	6.2	4	2.9	3	2.8	1	0.8	0	0	2	1.4
TOTAL	146	100	97	100	136	100	108	100	128	100	117	100	143	100

Les opinions exprimées dans ce tableau laisse voir l'importance accordée à l'individu, au village, au clan et à la terre. La richesse de l'individu est aussi partagée par les autres membres du clan . La terre, bien indivise appartient à tous les membres du clan. Cela confirme l'opinion répandue dans la zone qui dit que "nateka ntoto kitukidi ngiungani" c'est-à-dire si tu vends la terre, tu deviens un vagabond.

2.5.1. <u>L'UNITE DANS LA DIVERSITE</u>

Le modèle monade de développement implique la coexistence des communautés. Lorsqu'une forêt est composée de plusieurs sortes d'arbres, produisant chacun sa fleur particulière, la beauté de cette forêt est constituée par la somme des fleurs de différents arbres qui la composent[19]. La diversité des cultures constitue une richesse, mais l'unité pour le développement de l'espace communautaire est une réalité indispensable à la mise en pratique du modèle monade de développement. Les choix de développement sont d'ordre culturel, car chaque communauté constitue sa culture en fonction de son environnement et des conditions de vie qu'elle a à affronter. Cela génère forcément une multiplicité de cultures, donc de modes de vie et de valeurs.   On peut se demander comment arriver à comprendre les autres communautés si nous ne partageons pas les mêmes moeurs, la même éducation. La diversité des cultures entraîne des différences de valeurs, de points de vue. Cela rend difficile la compréhension et la communication entre les communautés. Dans la zone, 61.5% des enquêtés refusent de partager les terres du clan avec les membres des villages voisins pour éviter les conflits. Sur le plan économique, les unités monadiques sont les protectrices des ressources naturelles de la communauté et les premières actrices de développement du village (61.5%). C'est une activité qu'il faut rémunérer parce que les unités monadiques protègent un bien traditionnel (terre) dont bénéficie l'ensemble des populations. Par conséquent, il faut que l'ensemble des citoyens accepte de rémunérer les unités monadiques avec une part de revenu conséquente pour leur rôle de protection des ressources naturelles, d'une part, et pour le rôle qu'elles doivent jouer économiquement pour la mise en valeur de ces ressources, d'autre part.

---

[19]   NE MUANDA NSEMI, Appel à la jeunesse africaine, www.bundudiakongo. org/appel.htm.

C'est aussi une responsabilité qu'il faut renforcer par l'éducation. La terre ne se vend pas (98.6%). Il n'est pas acceptable qu'un étranger au clan prenne le pouvoir au village comme les enquêtés (100%) l'affirment. Celui qui vend la terre, perd son identité et se vend lui-même. Si les unités monadiques sont les premières accusées pour la dégradation des terres, elles sont aussi les premières concernées pour leur mise en valeur. La participation des unités monadiques à l'élaboration des programmes de développement des espaces communautaires correspond au rôle de protection de ces espaces. Aussi l'entente et la solidarité sont-elles importantes entre tous les membres du clan, car la corde du clan ne se coupe pas (46,2%). La richesse, c'est pour tous les autres membres du clan (53,8%) suivant l'expression « *kimvuama kia kanda* » parce que l'individu appartient d'abord au clan (30,8%).

L'implication de tous les membres du clan dans la gestion directe de ces espaces est légitime parce que comme les enquêtés l'affirment, (51%), la région ne peut être développée sans développer les villages. De même, le pays ne sera développé que si les villages sont aussi développés (58,7%). Cette vision s'appuie nécessairement sur la forme d'organisation du pouvoir politico-administratif et économique : la décentralisation. Un pouvoir effectif et des ressources doivent être attribués aux villages. Le modèle monade de développement remet en cause le système qui ignore le pouvoir d'en bas, des petites communautés. Le modèle promet un système plus démocratique, qui utilise la palabre africaine comme moyen d'expression démocratique, et qui place les unités monadiques au coeur des politiques de développement des espaces communautaires ruraux. Le Botswana peut être cité à titre d'exemple. Ce pays n'a pu s'engager sur la voie du développement qu'avec le consentement de la hiérarchie traditionnelle. En effet, le système institutionnel de ce pays comprend deux chambres : d'une part, l'assemblée nationale, élue démocratiquement, et, d'autre part, « *The house of the chiefs* » qui est une sorte de Sénat composé des chefs traditionnels du pays. Lorsque cette chambre haute entérine un projet de loi de l'assemblée, il est édicté et la population le respecte parce qu'il a la bénédiction des gardiens de la tradition des différentes régions du pays. Cet exemple est à méditer à la lumière du modèle monade de développement. En effet, le modèle monade de développement offre un instrument efficace qui épouse la forme actuelle de l'organisation administrative du pays : la décentralisation. Les secteurs et chefferies sont des entités décentralisées. Et comme l'enquête l'a montré (Tableau n°19), le village est l'espace du pays ou de la province qu'il faut développer en priorité. Les valeurs de solidarité clanique et de non aliénabilité des terres claniques, etc. démontrent leurs limites actuellement dans toutes les zones rurales de la RDC, y compris la zone particulière de Mbanza-Ngungu, face à l'appât du modernisme. Il est vrai qu'il y a beaucoup de causes des conflits fonciers qui pullulent aujourd'hui dans cette zone, les unes plus fréquentes que les autres. Parmi les plus fréquentes, nous pouvons citer le fait qu'un membre d'un clan vend une portion de terre clanique à l'insu des autres membres du clan qui contestent et accusent l'acheteur. Ou encore l'absence de partage équitable du fruit de la vente en question qui oppose finalement ceux qui s'estiment lésés à leur frère vendeur et à ses clients. La solidarité clanique n'est plus aujourd'hui aussi pure qu'elle l'était dans les sociétés ancestrales à cause de l'appât de gain engendré par la pauvreté. Elles sont devenues aujourd'hui la source du parasitisme clanique qui pousse de nombreux jeunes à préférer dépendre d'un membre du clan (oncle, neveu, etc.) plus fortuné plutôt qu'à fournir l'effort personnel pour rechercher un emploi rémunérateur. Même si le concept de village n'est pas fondé sur les mêmes critères claniques partout en RDC, les terres communautaires appartiennent toujours à un groupe de personnes aux liens identifiables qui permettent au chercheur de découvrir leur unité communautaire de base.

En RDC, la gouvernance étatique butte encore sur l'ambivalence des règles de conduite populaire qui se réfèrent à la fois aux lois de la République et aux « us et coutumes ancestraux ». Cela impose que des concessions se fassent obligatoirement entre les lois et les « us et coutumes ». Et qui dit concession, dit qu'il y a des choses ou des règles qu'il faut abandonner, d'autres qu'il faut mettre en commun, et d'autres encore qu'il faut inventer pour arriver à une symbiose génératrice du progrès de la nouvelle société que nous recherchons. Un modèle de développement qui se passerait d'une telle symbiose, en s'appuyant exclusivement sur les « us et coutumes », n'aura aucune chance de réussir là où tous les autres modèles de développement proposés précédemment ont échoué. Aussi paradoxal que cela puisse paraître, le modèle monade de développement tel que proposé ici est le cadre idéal pour opérer, avec l'appui du développement conscient, la symbiose envisagée. Il n'est tout simplement pas possible d'ignorer ou de supprimer l'unité communautaire de base dans nos sociétés, surtout en ce qui concerne la disposition ou la destination des terres communautaires. Par exemple, en dépit de la loi Bakajika, qui stipule que le sol et le sous-sol appartiennent à l'Etat, les initiateurs du Service national (Présidence de la République et Ministère de l'agriculture) ont dû négocier avec les propriétaires terriens communautaires pour acquérir des terres au Plateau des Bateke. La symbiose ici consisterait à soumettre à l'accord préalable des pouvoirs publics toute cession de terres pour éviter la spoliation, l'exploitation illégale, la destruction des écosystèmes, etc.

2.5.2. ATTITUDE ET CONNAISSANCE VIS-A-VIS DE LA CULTURE KONGO

1. REPONSES RELATIVES A LA CULTURE KONGO

TABLEAU 20. ATTITUDE ET CONNAISSANCE DES INDIVIDUS VIS-A-VIS
DE LA CULTURE KONGO (ENQUETE COMPLEMENTAIRE)

QUESTIONS	SECTEURS												
	Boko		Kivulu		KwNgongo		Lunzadi		GbeMatadi		GombeSud		Timansi
		%		%		%		%		%		%		%
1 Connaissez-vous votre "luvila"?														
Oui, c'est mon identité culturelle	89	61	73	75.3	83	61	96	88.9	73	57	89	76.1	127	88.8
Non, personne ne me l'a appris	57	39	24	24.7	53	39	12	11.1	55	43	28	23.9	16	11.2
TOTAL	146	100	97	100	136	100	108	100	128	100	117	100	143	100
2 Connaissez-vous votre "lusansu"?														
Oui, elle retrace mes origines	102	69.9	83	85.6	91	66.9	73	67.6	61	47.7	79	67.5	109	76.2
Non, je l'ignore	44	30.1	14	14.4	45	33.1	35	32.4	67	52.3	38	32.5	34	23.8
TOTAL	146	100	97	100	136	100	108	100	128	100	117	100	143	100
3 Etes-vous d'accord de marrier votre "tata nkento"?														
Oui, en cas d'obligation ou de nécessité	47	32.2	30	30.9	29	21.3	14	13	62	48.4	53	45.3	41	28.7
Oui, pour raison d'amour réciproque	53	36.3	35	36.1	37	27.2	67	62	41	32	19	16.2	27	18.9
Non, je suis contre ce genre de mariage	46	31.5	26	26.8	65	47.8	27	25	13	10.2	37	31.6	75	52.4
Diverses opinions	9	6.2	0	0	0	0	10	9.3	0	0	0	0	12	8.4
TOTAL	146	100	97	100	136	100	108	100	128	100	117	100	143	100
4 Etes-vous conscient que le "kindoki" est un frein au développement?														
Oui, ils causent du tort aux gens	73	50	23	23.7	35	25.7	28	25.9	23	18	16	13.7	49	34.3
Oui, ils freinent le progrès des gens	51	34.9	61	62.9	91	66.9	53	49.1	86	67.2	92	78.6	56	39.2
Non, on peut s'en passer avec la prière	13	8.9	13	13.4	10	7.4	17	15.7	19	14.8	9	7.7	26	18.2
Non, parce qu'ils protègent la famille	9	6.2	0	0	0	0	10	9.3	0	0	0	0	12	8.4
TOTAL	146	100	97	100	136	100	108	100	128	100	117	100	143	100
5 Etes-vous d'accord sur la revalorisation de la culture "Kongo"?														
Oui, absolument nécessaire	106	72.6	73	75.3	71	52.2	57	52.8	57	44.5	73	62.4	61	42.7
Oui, pour ne pas perdre notre culture	21	14.4	13	13.4	45	33.1	36	33.3	39	30.5	32	27.4	41	28.7
Non, la tradition, elle est dépassée	11	7.5	9	9.3	13	9.6	15	13.9	18	14.1	12	10.3	27	18.9
Diverses opinions	8	5.5	2	2.1	7	5.1	0	0	0	0	0	0	14	9.8
TOTAL	146	100	97	100	136	100	108	100	128	100	117	100	143	100
6 Etes-vous d'accord de respecter les "bikandu" (interdits) laissés par les ancêtres?														
Oui, pour respecter la tradition	116	79.5	64	66	69	50.7	52	59.4	76	59.4	81	69.2	83	58
Non, c'est dépassé	16	11	27	27.8	56	41.2	49	35.2	45	35.2	28	23.9	49	34.3
Diverses opinions	14	9.6	6	6.2	11	8.1	7	5.5	7	5.5	8	6.8	11	7.7
TOTAL	146	100	97	100	136	100	108	100	128	100	117	100	143	100
7 Etes-vous d'accord de restaurer la pratique de "kinzonzi" dans le réglement des conflits?														
Oui, c'est plus amiable et reconciliant	101	69.2	87	89.7	93	68.4	76	70.4	92	71.9	107	91.5	89	62.2
Non, il faut aller au tribunal	37	25.3	10	10.3	43	31.6	21	19.4	29	22.7	10	8.5	44	30.8
Diverses opinions	8	5.5	0	0	0	0	11	10.2	7	5.5	0	0	10	7
TOTAL	146	100	97	100	136	100	108	100	128	100	117	100	143	100
8 Comment peut-on mettre fin à la sorcellerie dans la zone?														
Il faut arrêter les sorciers et les juger	26	17.8	33	34	48	35.3	11	10.2	57	44.5	7	6	11	7.7
C'est difficile parce qu'il faut être sorcier	117	80.1	60	61.9	79	58.1	88	81.5	55	43	73	62.4	76	53.1
Les sorciers sont utiles dans la famille	3	2.1	4	4.1	9	6.6	9	8.3	16	12.5	37	31.6	56	39.2
TOTAL	146	100	97	100	136	100	108	100	128	100	117	100	143	100

Suivant ce tableau, les réponses sont controversées suivant les secteurs, mais néanmoins, la tendance générale qui se dégage est pour la revalorisation de la culture kongo. Les valeurs traditionnelles comme les "bikandu", le "kinzonzi", le "lusanzu" sont reconnues nécessaires pour le développement de la zone malgré la modernité. La dépravation des moeurs est plus perceptible dans les secteurs comme Boko et Kwilu-Ngongo avec des centres urbains.

TABLEAU 21. <u>ATTITUDE ET CONNAISSANCE DES INDIVIDUS VIS-A-VIS DE LA CULTURE KONGO</u>

	SECTEURS														
	BOKO		KIVULU		KWILU-NGONGO		LUNZADI		GBE-MATADI		GBE-SUD		TIMANSI		TOTAL	
		%		%		%		%		%		%		%		%
1. Pensez-vous que la culture Kongo est en perdition dans la zone?																
Oui:	915	91.3	253	82.8	436	81.1	145	96.4	253	90.5	302	85.7	577	87.4	2881	87.7
Non:	7	0.7	52	17.2	102	18.9	5	3.6	26	9.5	50	14.3	83	12.6	405	12.3
TOTAL	1002	100	305	100	538	100	150	100	279	100	352	100	660	100	3286	100
2. Pensez-vous qu'il est nécessaire de promouvoir la culture Kongo dans la zone?																
Oui:	1001	99.8	299	98.1	436	81.0	131	87.4	236	84.6	332	94.2	618	93.7	3053	92.9
Non :	1	0.2	6	1.9	102	19.0	19	12.6	43	15.4	20	5.8	42	6.3	233	7.1
TOTAL	1002	100	305	100	538	100	150	100	279	100	352	100	660	100	3286	100
3. Les valeurs traditionnelles Kongo sont-elles nécessaires pour le développement de la zone?																
Oui:	993	99.1	300	98.4	527	98.0	149	99.1	221	79.4	294	83.5	639	96.9	3123	95
Non:	9	0.9	5	1.7	11	2.0	1	0.9	58	20.7	58	16.6	21	3.1	163	5
TOTAL	1002	100	305	100	538	100	150	100	279	100	352	100	660	100	3286	100

Suivant les réponses des individus les valeurs traditionnelles kongo ainsi que la promotion de la culture kongo s'avèrent nécessaires pour le développement de la zone.

La perdition de la culture kongo est un aspect négatif qui est perçu dans la zone.

La figure 10 donne l'illustration graphique des données des tableaux 21 et 22.

1. ANALYSE STATISTIQUE DES REPONSES RELATIVES A LA CULTURE KONGO

TABLEAU 22. ATTITUDE ET CONNAISSANCE DES INDIVIDUS VIS-A-VIS DE LA CULTURE KONGO

	Boko		Kivulu		Kwilu-Ngongo		Lunzadi		Gombe-Matadi		Gombe-Sud		Timansi		TOTAL	
	OUI	NON	OUI	NON	OUI	NON	OUI	NON	OUI	NON	OUI	NON	OUI	NON	OUI	NON
Q1.	915	7	253	52	436	102	145	5	253	26	302	50	577	83	2881	405
Q2.	1001	1	299	6	436	102	131	19	236	43	332	20	618	42	3053	233
Q3.	993	9	300	5	527	11	149	1	221	58	294	58	639	21	3123	163
Total	2909	17	852	63	1399	215	425	25	710	127	928	128	1834	146	9057	801

Nous posons l'ho nulle suivante :
Il n'ya pas de différence significative entre les réponses des individus des différents secteurs

	fo	fe	fo	fe	fo	fe	fo	fe	fo	fe	fo	fe	fo	TOTAL
Oui	2909	2688	852	840.7	1399	1483	425	413.4	710	769	928	970.2	1834	1819	9057
Non	17	237.7	63	74.3	215	131.1	25	36.6	127	68	128	85.8	146	160.9	801
Total	2926		915		1614		450		837		1056		1980		9858

$X^2 = (2909 - 2688,3)^2/2688,3 + (852 -840,7)^2/840,7 + (1399 - 1482,9)^2/1482,9 + (425 - 413,4)^2/413,4 +$
$(710 - 769)^2/769 + (928 - 970,2)^2/970,2 + (1834 - 1819,1)^2/1819,1 +$
$(17 - 237,7)^2/237 + (63 - 74,3)^2/74,3 + (215 - 131,1)^2 131,1 + (25 - 36,6)^2/36,6 +$
$(127 - 68)^2/68 + (128 - 85,8)^2/85,8 + (146 - 160,9)^2/160,9$
$X^2 = (220,7)^2/2688,3 + (11,3)^2/840,7 + (-83,9)^2/1482,9 + (11,6)^2/413,4 + (-59)^2/769 + (-42,2)^2/970,2 +$
$(-220,7)^2/237 + (-11,3)^2/74,3 + (83,9)^2/131,1 + (-11,6)^2/36,6 + (59)^2/68 + (42,2)^2/85,8 + (14,9)^2/160,9$
$(14,9)^2/1819,1$
$X^2 = 18,1 + 0,15 + 4,7 + 0,3 + 0,1 + 1,8 + 0,1 + 205,5 + 1,7 + 53,7 + 3,7 + 51,2 + 20,8 + 1,4$
$X^2 = 347$

Conclusion
Comme X^2 0.95 (théorique) est < au X^2 calculé (347), nous rejettons l'Ho.
On conclut que la différence entre les réponses des individus est significative au seuil de 0.05.
De ce fait, l'attitude et la connaissance des individus à la culture kongo est différente dans les différents secteurs de la zone.

Gutu Kia Zimi, Ph.D

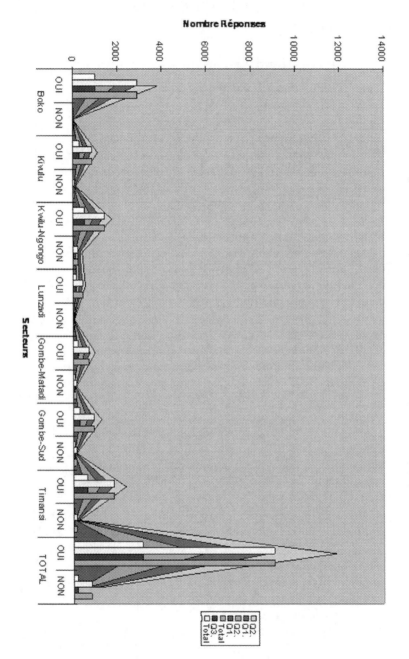

Fig.10 : Attitude et connaissance vis-à-vis de la culture kongo

138

Pour rappel, le concept de développement durable ne se résume pas seulement à la protection de l'environnement, mais il englobe aussi trois composantes qui sont l'économie, le social et la culture. F. d'Adesky[20] définit le développement comme l'amélioration qualitative et durable d'une économie et de son fonctionnement. Par contre, la culture est généralement acceptée comme étant l'ensemble des structures sociales et des manifestations artistiques, religieuses, intellectuelles qui définissent un groupe ou une société par rapport à d'autres. Il ressort de ces définitions que ces deux concepts sont interdépendants, c'est-à-dire que la culture pour progresser a besoin d'un développement, et que le développement ne peut se faire en l'absence de progrès culturel. Les causes qui freinent le développement de nos communautés sont multiples. Par exemple, les problèmes d'identité face à l'ouverture vers l'extérieur comportent deux types de réaction : soit une acculturation totale avec rejet des valeurs traditionnelles, soit une protection contre les influences extérieures afin de préserver sa culture. En réalité, le blocage au niveau du développement de nos communautés est d'ordre culturel. Si l'on analyse l'histoire, on découvre que les communautés qui ont réussi à se développer ont rempli plusieurs conditions, en l'occurence l'existence d'une classe sociale qui a fait le lien entre la tradition et la modernité. Certaines pratiques comme la sorcellerie constitue un frein au développement ; 39% de nos enquêtés disent que les sorciers freinent le progrès des gens. Pour mettre fin à cette pratique, 53% des enquêtés proposent de les arrêter et de les juger, tandis que 39% d'entre eux trouvent que les sorciers sont utiles dans la famille. Par ailleurs certaines pratiques, comme la palabre africaine doivent être encouragées et revalorisées dans le réglement des conflits, car c'est plus amiable et reconciliant (62%). D'autres pratiques coutumières sont controversées, c'est le cas du mariage avec la tante paternelle, auquel 52% des enquêtés sont opposés. A l'intérieur de notre pays, nos régions font face, d'une part,

---

[20]   F. d'ADESKY, *Culture et développement en Afrique*, extrait du discours lors d'une conférence à Dakar/Sénégal en 1998.

à la diversité des traditions existant sur un même espace territorial (avec la nécessité de les « fédérer » suivant le modèle monade de développement pour obtenir une vision commune mais pas toujours identique) et, d'autre part, elles luttent contre l'influence de la colonisation qui a acculturé les communautés dans la sphère culturelle. Ces difficultés culturelles devront être levées pour assurer le développement des communautés. Dans la zone, 43% des enquêtés trouvent absolument nécessaire de revaloriser la culture kongo, tandis que 19% d'entre eux affirment que la tradition, c'est dépassé.

D'après Ne Muanda Nsemi dans ses écrits « Réhabiliter les langues africaines, 2007 », aucun peuple ne peut se développer harmonieusement, conformément à son génie propre en utilisant des langues importées et des religions étrangères à son génie culturel. La raison est que tout peuple coupé de son passé, de sa langue, de son génie, de ses ancêtres, est comme un arbre déraciné. Tôt ou tard, ce peuple fanera et sombrera dans le vide qui facilite toutes les dominations. Comme l'affirme Dr. John Henrik Clarke : « *History is a clock that tells a people their historical time a day. It is a compass that people use to locate themselves on the map of human geography. A people's history tells a people where they have been, and what they have been, where they are and what they are. More importantly, a proper understanding of history tells a people what they still must be and where they still must go*"... *These stories must be told, the history unveiled, the truth written*[21]. L'enquête montre que 89% des sujets affirment connaître leur « *luvila* » (nom du clan) et 76% d'entre eux affirment connaître le « *lusansu* ». Mais, il n'y a pas que l'acculturation causée par la colonisation. A l'intérieur de nos pays, il existe un phénomène de phagocytose des cultures locales. C'est le cas de nos langues africaines locales. Au niveau de l'espace *Ne Kongo* et de la zone, il y a un éveil de consciences en faveur de la revalorisation de la

---

[21]   A.P.JACKSON, op.cit., p.xv.

culture *kongo* dont 87,7% des enquêtés affirment qu'elle est en perdition, d'où la nécessité de la promouvoir (92,9%). Le kikongo est, d'après Ne Muanda Nsemi, la langue nationale de *Kongo dia Ntotela*. La langue nationale d'un peuple est le plus grand attribut d'un peuple. Ainsi, chaque peuple a le devoir sacré de se battre pour réhabiliter sa langue nationale, la promouvoir, l'utiliser, la codifier, l'enrichir en termes techniques, et assurer son rayonnement. Le kikongo est actuellement en train de stagner, à cause de l'inconscience des musiciens kongo, de l'élite intellectuelle *kongo*, et des dirigeants politiques de l'espace culturel *kongo*. La culture *kongo* est l'expression de l'âme du peuple *kongo* dont la langue kikongo est le véhicule principal[22]. Les valeurs traditionnelles *kongo* sont nécessaires pour le développement de la zone (95%). Aucun développement ne peut se faire sans la culture. Favoriser la diversité culturelle selon le modèle monade de développement représente un enjeu majeur pour le développement des communautés.Il est vrai que les langues locales ne peuvent pas être ignorées dans les efforts de communication pour le développement.

Il est tout aussi vrai que le progrès technologique communicationnel qui est à l'origine de ce que l'on appelle aujourd'hui « l'autoroute des communications », donne indiscutablement l'avantage à quelques langues étrangères qui sont entrain de s'imposer au niveau planétaire (Anglais, Français, Espagnol, Arabe,…). Il y a de nombreux domaines indispensables au développement pour lesquels on ne peut plus inventer la roue du point de vue communicationnel, et pour lesquels le recours aux langues étrangères s'imposera toujours. L'expérience des pays actuellement dits développés, comme celle des pays émergents, montre à suffisance que le progrès et l'amélioration des conditions de vie des populations de ces pays ont été, sur le plan communicationnel, le résultat de l'emploi simultané de plusieurs langues dont les plus dynamiques dominent les autres (cas de

---

[22] NE MUANDA NSEMI, Réhabiliter les langues africaines, bdk-2007, www. bundudiakongo.org/réhabiliter kikongo.htm

l'Anglais qui s'impose même dans les pays de la francophonie !). Toutefois, il n'est pas impossible et sans intérêt de réduire aujourd'hui les efforts de communication pour le développement aux langues locales. La promotion des langues locales devra toujours être une des priorités du développement comme outil et matière d'enseignement. On ajoutera alors l'apprentissage d'une ou deux langues internationales. Il est un fait que ces langues n'avaient pas au départ le statut qu'elles ont maintenant grâce au poids économique, financier, culturel et scientifique de leurs pays d'origine. Si la RDC devenait une puissance économique, financière, culturelle et scientifique, les autres pays feraient attention ou s'intéresseraient davantage à nos langues nationales, à condition que nous leur accordions de l'importance dès maintenant. Il y a en RDC des Chinois, des Indiens, des Pakistanais et des Libanais qui ne connaissent ni le français, ni l'anglais : ils ne parlent que nos langues nationales. Il est donc aberrant qu'elles soient négligées ou reléguées au second plan dans nos efforts de développement. Il ya aussi le cas de « lingala » qui est largement écouté en Afrique grâce à l'influence dominante de la musique congolaise moderne en Afrique. Selon les traditions africaines en général, et les traditions « kongo » ne font pas exception à cela, la détention et la transmission des éléments culturels d'un groupe à travers les âges, font partie de la charge des aînés ou des personnes les plus âgés du groupe (les Mbuta-zi-bantu). Dans notre enquête sur les aspects culturels du développement en zone de Mbanza-Ngungu, nous avons ignoré cette catégorie sociale, en limitant nos enquêtés aux classes d'âge de moins de 25 ans, parce qu'il s'agissait d'enquêter sur l'attitude et la connaissance des jeunes, plus progessistes aux idées nouvelles, ceux-là qui sont censés prendre un jour la relève des vieux et plus aptes aux actions de développement.

Pour une meilleure compréhension de la suite de notre étude, nous voudrions expliquer certains termes Kongo[23] :

a) *Kanda (le clan): c'est la parenté essentielle et fondamentale, celle qui domine et ordonne toutes les relations des Bakongo avec leurs semblables. Il n'existe ni mot, ni concept correspondant à ce que nous appellons la famille, dans le sens restreint du père, de la mère et de leurs enfants*

b) *Luvila ou mvila au pluriel : c'est le nom du clan. Il comprend souvent deux parties : le nom de l'ancêtre, qui est censé avoir été le fondateur du clan, et qui est le nom par lequel se désignent tous les membres ; ex : Nintumba Mvemba ; Mata ma Kongo, etc.*

c) *Muisi Kanda : c'est un membre du clan.*

d) *Ngudi : c'est la lignée ou branche du clan. Les lignées sont des branches du clan, des groupes comprenant tous les individus rattachés par filiation utérine à l'une des mères du clan. Les lignées sont hiérarchisées d'après le droit d'aînesse. La plus ancienne s'appelle « muana mbuta », l'enfant aîné de la mère du clan ; les suivantes sont « muana kati », l'enfant moyen ; et la plus jeune est « muana nsuka ». Dans cette recherche, nous avons désigné « ngudi » comme l'unité communautaire de base (monade).*

e) *Ngudi kisina, mère d'origine*

f) *Kisina : souche d'origine*

g) *Kitata ou Kise: c'est le clan du père ;*

h) *Ngudi zi kanda (mères du clan): ce sont les descendantes de la mère d'origine. Exemple, Ma Mpolo, la mère d'origine et ses descendantes respectivement Ma Lengi, Ma Mpemba, Ma Nkenge. Ces trois dernières sont les mères du clan (Ngudi zi kanda).*

---

[23] J. VAN WING, s.j, Etudes Bakongo. Sociologie-Religion et Magie, 2° Edition, Desclée De Brouwer, Belgique, 1959, p.82.

2.5.3. <u>LES UNITES MONADIQUES (*ZINGUDI*)</u>

Les unités monadiques seront traitées dans une double perspective, à savoir la répartition des clans suivant le nombre de villages et d'unités monadiques ; et la répartition des unités monadiques et des clans par village.

2.5.3.1. <u>REPARTITION DES CLANS SUIVANT LE NOMBRE DE VILLAGES ET D'UNITES MONADIQUES</u>

Le tableau synthétique n° 23 ci-dessous donne la répartition des unités monadiques, des villages enquêtés, des clans et des liaisons monadiques possibles. Dans l'ensemble des unités monadiques identifiées, nous avons repertorié 55 clans (*Luvila*). Mais dans l'ensemble de la zone, le nombre des clans existants est plus élevé. En effet, chaque individu dans la zone est identifié suivant son appartenance clanique du côté paternel comme « *muana* » (fils) et comme « *mfumu* » (chef) du côté maternel[24]. Nous n'avons pas tenu compte de l'appartenance des enquêtés au clan paternel. De plus, tous les clans identifiés ne se retrouvent pas dans tous les secteurs. L'illustration graphique du tableau 23 donne la répartition statistique en pourcentage (%) des villages, des unités monadiques, des clans et des liaisons monadiques.

---

[24]   L'auteur de cette étude est identifié comme « muana » (fils) Kinlaza du côté paternel et « mfumu » ya Nintumba du côté maternel.

TABLEAU 23 : <u>REPARTITION DES UNITES MONADIQUES PAR VILLAGE ET PAR SECTEUR</u>

Secteurs	Nbre de villages	%	Villages enquêtés (Mavata)	%	Unités Monadiques (Ngudi)	%	Clans (Makanda)	Liaisons Monadiques possibles
Boko	166	23,88%	98	30,43%	418	34,07%	29	636.608
Kivulu	68	9,78%	28	8,70%	113	9,21%	15	41.160
Kwilu-Ngongo	107	15,40%	53	16,46%	190	15,48%	29	636.608
Lunzadi	37	5,32%	14	4,35%	49	3,99%	13	22.464
Gombe-Matadi	86	12,37%	28	8,70%	102	8,31%	18	88.434
Gombe-Sud	100	14,39%	35	10,87%	121	9,86%	26	406.250
Timansi	131	18,85%	66	20,50%	234	19,07%	24	292.008
TOTAL	**695**	**100,00%**	**322**	**100,00%**	**1227**	**100,00%**		**2.123.532**

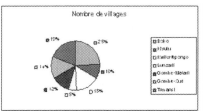

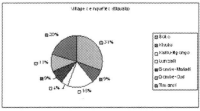

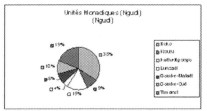

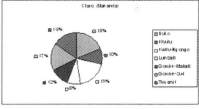

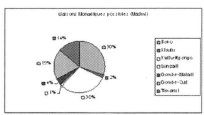

Dans les 322 villages enquêtés dans la zone, 1.227 unités monadiques ont été identifiées. Les tableaux ci-dessous donnent la répartition des clans suivant le nombre de villages et d'unités monadiques par secteur.

TABLEAU 24 : REPARTITION DES CLANS SUIVANT LE NOMBRE DE VILLAGES ET D'UNITES MONADIQUES

1.   **TABLEAU 24.1. SECTEUR DE BOKO**

	LUVILA/CLAN	NBRE VILLAGES	NBRE NGUDI
1	Nintumba	6	25
2	Mvemba	5	20
3	Nlaza	12	50
4	Nlaza mpanzu	7	35
5	Nzinga	8	36
6	Nsundi	2	9
7	Nimpudiakongo	1	4
8	Kimvemba	2	8
9	Mbemba	1	2
10	Mbala	1	5
11	Kinsundi	1	4
12	Nsuka za kongo	2	9
13	Ntu a nkosi	1	5
14	Mpala nzinga	1	5
15	Nkenge	1	4
16	Nsaku ne vunda	4	19
17	Mfuti a mbenza	1	5
18	Vita Nimi	5	16
19	Kimpanzu	4	18
20	Kinsaku	3	14
21	Nimi a Mpanzu	4	18
22	Nsaku	8	36
23	Nintumba Mvemba	2	9
24	Mpanzu	9	37
25	Kinzinga	2	9
26	Kinlaza	2	8
27	Ngoyo	1	3
28	Nkazi a kongo	1	3
29	Kimpemba	1	2
TOTAL		98	418
MOYENNE		3.4	14.4

Sur un total de 55 clans répertoriés, le secteur de Boko regroupe 52.7% des clans des unités monadiques avec la prédominance du clan Nlaza dans les villages enquêtés.

La figure 11 donne une illustration graphique des données du tableau 24.1.

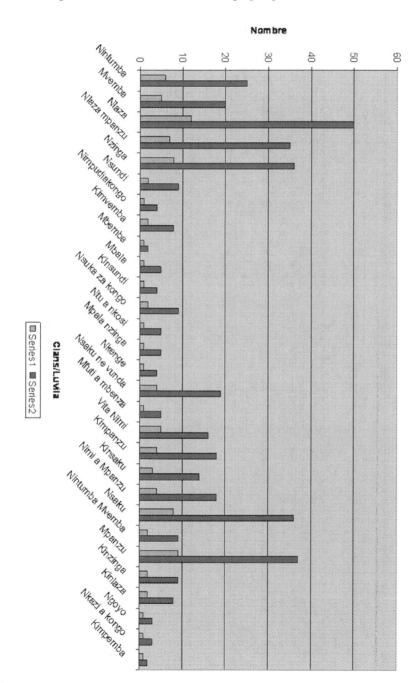

Fig.11 : Répartition des clans suivant le nombre des villages et des unités monadiques : Secteur de Boko

Gutu Kia Zimi, Ph.D

2. **TABLEAU 24.2. SECTEUR DE KIVULU**

	LUVILA (CLAN)	NBRE VILLAGES	NBRE NGUDI
1	Kinsaku	1	6
2	Nlaza Mpanzu	3	14
3	Vita Nimi	1	5
4	Nintumba Mvemba	3	6
5	Nsundi	2	8
6	Masaki	1	3
7	Kinsundi	2	8
8	Nsaku	2	9
9	Nsaku ne Vunda	2	7
10	Nimi a Mpanzu	3	11
11	Nsuka za Kongo	1	4
12	Mpanzu	1	6
13	Mvemba	2	9
14	Mpala Nzinga	1	5
15	Kimvemba	3	12
TOTAL		28	113
MOYENNE		1.9	7.5

Le secteur de Kivulu regroupe 27.3% des clans des unités monadiques répertoriés dans les villages enquêtés.

La figure 12 donne l'illustration graphique des données du tableau 24.2.

148

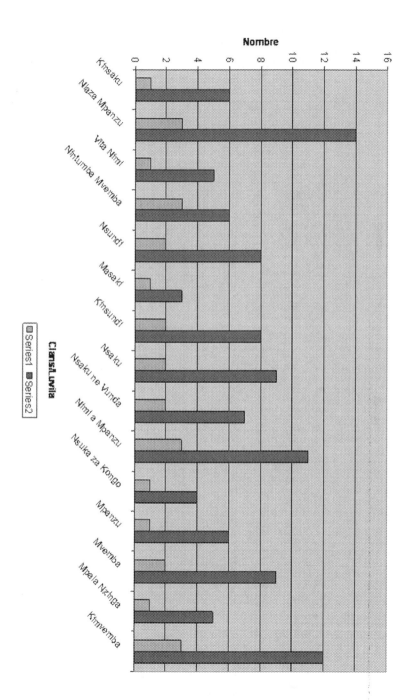

Fig. 12 : Répartition des clans suivant le nombre des villages et des unités monadiques : Secteur de Kivulu

3.   **TABLEAU 24.3 : SECTEUR DE KWILU-NGONGO**

	LUVILA (CLAN)	NBRE VILLAGES	NBRE NGUDI
1	Mpanzu	4	14
2	Vitanimi	4	15
3	Nimpudi a kongo	2	8
4	Ntu a nkosi	2	7
5	Kinsaku	1	4
6	Nintumba Mvemba	3	10
7	Nzinga	2	6
8	Mpala nzinga	4	13
9	Mbemba	2	7
10	Nsuka za kongo	2	8
11	Kimpanzu	1	4
12	Mfuti a Mvemba	1	5
13	Nkenge	2	6
14	Kimvemba	1	5
15	Nlaza Mpanzu	4	14
16	Kinlaza	1	4
17	Nimi a Mpanzu	2	9
18	Masaki	2	7
19	Mbala	1	2
20	Kinsudi	2	7
21	Kinzinga	1	5
22	Nsaku	1	4
23	Nsaku ne Vunda	1	3
24	Wumba	1	4
25	Mpudi	1	3
26	Kinkumba	1	3
27	Nsaku malele	1	4
28	Mvemba	1	4
29	Kimpemba	2	5
TOTAL		53	190
MOYENNE		1.8	6.6

Le secteur de Kwilu-Ngongo regroupe 52.7% des clans des « *ngudi* » dans les villages enquêtés.

La figure 13 donne une illustration graphique des données du tableau 24.3.

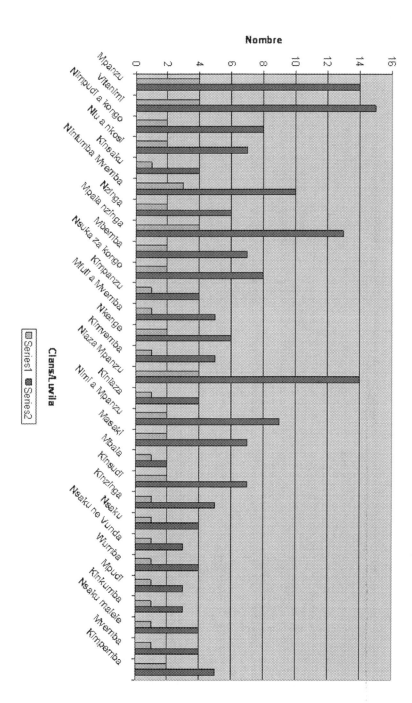

Fig. 13 : Répartition des clans suivant le nombre des villages et des unités monadiques : Secteur de Kwilu-Ngongo

Gutu Kia Zimi, Ph.D

TABLEAU 24.4 : SECTEUR DE LUNZADI

	LU(VILA CLAN)	NBRE VILLAGES	NBRE NGUDI
1	Kinlanza	1	3
2	Nintumba	1	4
3	Nintumba Mvemba	1	3
4	Mvemba	1	3
5	Kimpanzu	1	3
6	Kinzinga	1	4
7	Kinsaku	1	3
8	Mpanzu	1	5
9	Vita nimi	2	8
10	Nimi a mpanzu	1	5
11	Nlaza Mpanzu	1	3
12	Nlaza	1	2
13	Nsaku	1	3
TOTAL		14	49
MOYENNE		1.1	3.4

Le secteur de Lunzadi regroupe 23,6% des clans des « *ngudi* » dans les villages enquêtés avec une faible majorité du clan Vita nimi.

La figure 14 donne une illustration graphique des donnéesdu tableau 24.4.

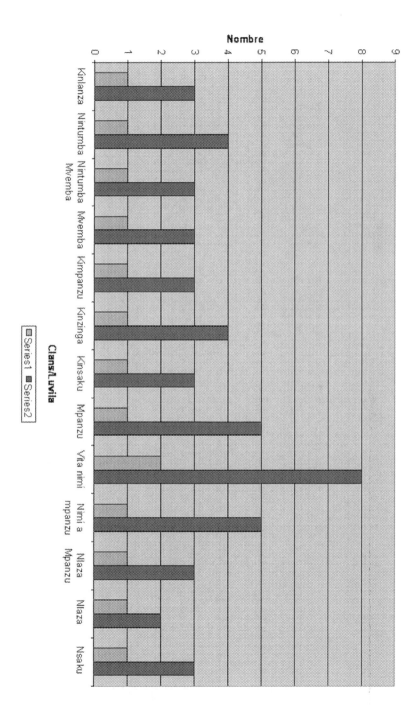

Fig.14 : Répartition des clans suivant le nombre des villages et des unités monadiques : Secteur de Lunzadi

153

4.   TABLEAU 24.5 : SECTEUR DE GOMBE-MATADI

	LUVILA (CLAN)	NBRE VILLAGES	NBRE NGUDI
1	Nlaza	6	25
2	Mpanzu	5	20
3	Nsaku	12	50
4	Kinsaku	7	35
5	Nintumba	8	36
6	Mvemba	2	9
7	Nintumba Mvemba	1	4
8	Kingombe	2	8
9	Kinsundi	1	2
10	Kinlaza	1	5
11	Kinkuzu	1	4
12	Mpala Nzinga	2	9
13	Mpumba	1	5
14	Nsundi	1	5
15	Nlaza Mpanzu	1	4
16	Vita Nimi	4	19
17	Kizongo	1	5
18	Nzinga	5	16
TOTAL		28	102
MOYENNE		1.6	5.7

Le secteur de Gombe-Matadi regroupe 32,7% des clans des unités monadiques avec la prédominance du clan Nsaku dans les villages enquêtés.

La figure 15 donne une illustration graphique des données du tableau 24.5.

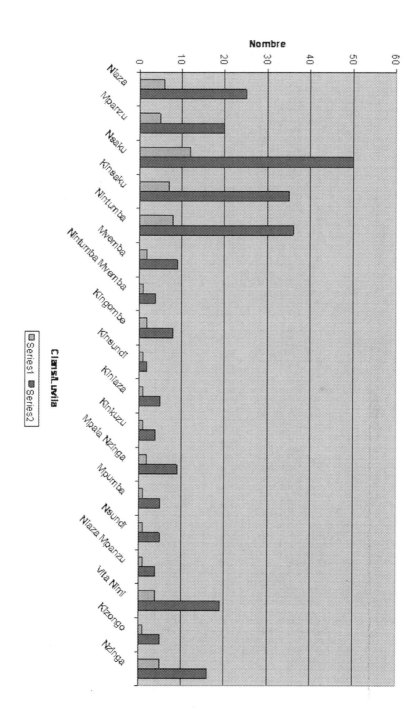

Fig.15 : Répartition des clans suivant le nombre des villages et des unités monadiques : Secteur de Gombe-Matadi

5.   TABLEAU 24.6 : SECTEUR DE GOMBE-SUD

	LUVILA (CLAN)	NBRE VILLAGES	NBRE NGUDI
1	Kimpanzu	6	25
2	Mpanzu	5	20
3	Vita nimi	12	50
4	Kinkumba	7	35
5	Kimpudi	8	36
6	Kinsundi	2	9
7	Kimpaku	1	4
8	Kibumbu	2	8
9	Kimvemba	1	2
10	Mvemba	1	5
11	Kifuma	1	4
12	Kinsaku	2	9
13	Nlaza Mpanzu	1	5
14	Kinlaza	1	5
15	Nintumba	1	4
16	Mpala nzinga	4	19
17	Kimbembe	1	5
18	Ndamba Ngolo	5	16
19	Kinsuka	4	18
20	Kimpangu	3	14
21	Kindamba	4	18
22	Kimfutila	8	36
23	Kimvika	2	9
24	Kinsula	9	37
25	Mvudi	2	9
26	Kimuanza	2	8
TOTAL		98	418
MOYENNE		3.4	14.4

Le secteur de Gombe-Sud regroupe 47.3% des clans des unités monadiques avec la prédominance du clan Vita Nimi dans les villages enquêtés.

La figure 16 donne une illustration graphique des données du tableau 24.6.

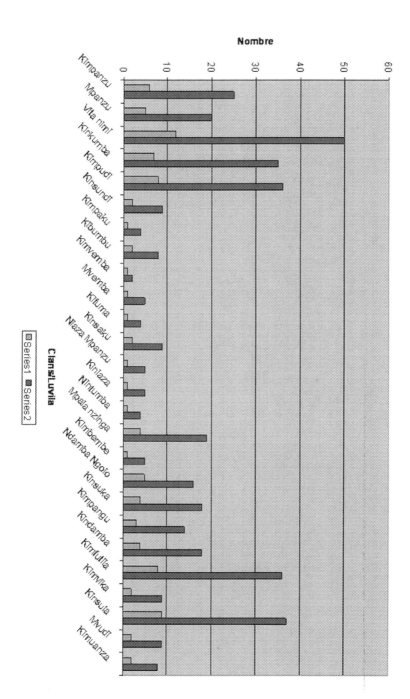

Fig.16 : Répartition des clans suivant le nombre des villages et des unités monadiques : Secteur de Gombe-Sud

6.   **TABLEAU 24.7 : SECTEUR DE TIMANSI**

	LUVILA (CLAN)	NBRE VILLAGES	NBRE NGUDI
1	Mpanzu	6	25
2	Mpungi	5	20
3	Nlaza mpanzu	12	50
4	Kimvemba	7	35
5	Nsaku	8	36
6	Kinsundi	2	9
7	Mpala Nzinga	1	4
8	Nintumba	2	8
9	Kinlaza	1	2
10	Kinsaku	1	5
11	Kinzinga	1	4
12	Mvemba	2	9
13	Vita nimi	1	5
14	Nimi a Mpanzu	1	5
15	Nsundi	1	4
16	Malunga	4	19
17	Kimpanzu	1	5
18	Nkenge	5	16
19	Mfuti a Mbenza	4	18
20	Nlaza	3	14
21	Nsaku ne vunda	4	18
22	Nsuka za Kongo	8	36
23	Mbemba	2	9
24	Nimpudi a kongo	9	37
TOTAL		66	234
MOYENNE		2.8	9.8

Le secteur de Timansi regroupe 43,6% des clans des unités monadiques avec la prédominance du clan Nlaza Mpanzu dans les villages enquêtés.

La figure 17 donne une illustration graphique des données du tableau 24.7.

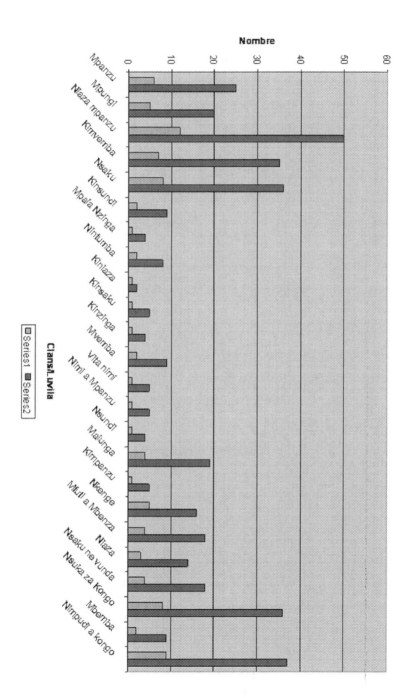

Fig.17 : Répartition des clans suivant le nombre des villages et des unités monadiques : Secteur de Timansi

159

2.5.3.2. REPARTITION DES UNITES MONADIQUES ET DES CLANS PAR VILLAGE

Pour l'identification des « Ngudi », nous avons eu recours, dans certains cas, à des plus amples explications (dialogues) pour déterminer leur nombre dans le village. C'est le cas du village Koma du secteur de Boko et du groupement (chefferie) de Tadila. L'ancêtre fondateur de ce village s'appelle Kiesa Nsundi du clan Nintumba Mvemba. Il avait une sœur du nom de Loko. L'ancêtre Kiesa Nsundi est venu de Mbanza Kongo où il habitait dans la forêt (mfinda) de « Mfinda Nkazi ». Sa femme, du nom de Luvungu et du clan *Nimi a Mpanzu*, est venue de Kongo dia Ntotila. Les enfants de Luvungu ont créé les villages Buenze, Kimaza et Kintumba, tous du clan Nimi a Mpanzu. Loko a eu trois enfants : Nani Sadio, Lukozo et Madi Nzongo. Ces trois enfants (*bana ngudi*) issus de Loko constituent les trois « *ngudi* » de base du village Koma. Outre ces trois « *ngudi* » s'est ajoutée une autre « *ngudi* » issue de Nkaka Masamba. A la recherche d'un endroit où s'installer, ce dernier, du clan *nintumba*, arriva dans le village Koma où il rencontra Kiesa Nsundi du même clan « *nintumba* » que lui. Nkaka Masamba décida de s'installer dans le village Koma avec Kiesa Nsundi, constituant ainsi une autre ngudi.

Mais il est important de préciser que les trois enfants de Loko et Massamba forment les quatre ngudi du village Koma. Ensemble (les trois *bana ngudi* + un *muisi kanda*), ils sont du clan nintumba et constituent les « *besi kanda* ». Du point de vue de l'emplacement, les trois « *bana ngudi*» habitent « *Belo kia yanda* » (la partie Nord du village) et le *muisi kanda*, issu de Nkaka Masamba, habite Ntimiankatu « *Belo kia ntandu* » (la partie Sud du village). Les descendants de la lignée de Nani Sadio sont : Fuanene[25],

---

[25] Elle était mariée dans le village de Tadila (Lumbi). Sa fille Lusemo née à Tadila était mariée à Ndonzoa Viangala dans le village de Kimambu, mais sa fille Zimi Unkuna est née à Zonzo Ntampa (secteur de Gombe-Matadi).

Lusemo, Zimi Unkuna… ; ceux de la lignée de Lukozo : Mampuya, Lutangu[26], Kimbiolo, David Kifuemono, Kiketua, Nzanda, Luyalu, etc. Les descendants de la lignée de Madi Nzongo sont : Mbakisa[27], Masila, Yaya Mvete, etc. Enfin les descendants de la lignée de Masamba sont : Nsimba, Luamba, Lutangu, etc. Une autre lignée de Makumba avait été achetée (*sumbua*) par Fuakisala (de la lignée de Lukozo)[28].

Les descendants de Makumba « *bantu ba nsumbua* » dont Lutangu, l'actuel chef du village, ont été incorporés dans le clan nintumba. Suivant les recommandations de l'ancêtre Fuakisala et en accord avec tous les membres du clan, les descendants de Makumba ne peuvent jamais être considérés comme « *bantu ba nsumbua* » (esclaves) suivant le principe « tukumbisa mbongo za bantu » c'est-à-dire mettons en valeur les ressources humaines); ils ont été incorporés dans le clan nintumba et de la lignée de Lukozo.

Les tableaux ci-dessous donnent la répartition des clans et des unités monadiques par village et par secteur.

---

[26]   Né à Kungu (Kinkanzu).
[27]   Né à Nkela, son père Bufambongo.
[28]   Kimbiolo, Kiasala, Mbakisa sont tous issus de Loko.

TABLEAU 25 : <u>REPARTITION DES UNITES MONADIQUES ET CLANS PAR VILLAGE</u>

1.   **<u>TABLEAU 25.1 : SECTEUR DE BOKO</u>**

VILLAGES	NGUDI	LUVILA	INDIVIDUS
B001	5	Nintumba	10
B002	4	Mvemba	12
B003	4	Nlaza	10
B004	5	Mvemba	10
B005	4	Nlaza Mpanzu	9
B006	5	Nzinga	10
B007	5	Nsundi	10
B008	4	Nimpudi a Kongo	10
B009	5	Nlaza Mpanzu	10
B010	3	Kimvemba	12
B011	2	Mbemba	12
B012	5	Mbala	10
B013	4	Kinsundi	12
B014	4	Nsuka za Kongo	10
B015	5	Ntu a Kosi	10
B016	5	Mpala Zinga	10
B017	4	Nkenge	10
B018	5	Nsaku ne Vunda	10
B019	5	Mfuti a Mvemba	10
B020	3	Vita Nimi	12
B021	2	Vita Nimi	8
B022	5	Kimpanzu	11
B023	5	Kinsaku	10
B024	4	Kintumba	10
B025	5	Nimi a Mpanzu	10
B026	4	Nimi a Mpanzu	10
B027	4	Nimi a Mpanzu	8
B028	4	Nlaza Mpanzu	11
B029	4	Nlaza	11
B030	5	Nsaku	12
B031	5	Nimi a Mpanzu	12
B032	4	Nintumba	10
B033	4	Nintumba Mvemba	10

B034	4	Kinsaku	10
B035	5	Nsaku	1
B036	5	Nzinga	8
B037	4	Nlaza	11
B038	4	Nzinga	11
B039	4	Nlaza	10
B040	5	Nlaza Mpanzu	10
B041	5	Nsaku ne Vunda	10
B042	3	Mvemba	9
B043	4	Nlaza	8
B044	5	Nlaza Mpanzu	8
B045	5	Nlaza	10
B046	4	Nintumba	12
B047	4	Mpanzu	10
B048	4	Nzinga	12
B049	3	Nintumba	10
B050	4	Nsaku	11
B051	3	Vita Nimi	12
B052	4	Nlaza	12
B053	4	Mpanzu	10
B054	5	Nzinga	10
B055	5	Mpanzu	10
B056	2	Nlaza Mpanzu	8
B057	5	Nlaza Mpanzu	12
B058	5	Nlaza Mpanzu	10
B059	4	Nsaku	10
B060	4	Nsundi	10
B061	4	Nlaza	10
B062	5	Nzinga	10
B063	5	Kinsaku	10
B064	4	Kimpanzu	12
B065	5	Kinzinga	11
B066	5	Nsuka za Kongo	12
B067	4	Nsaku ne Vunda	10
B068	5	Mpanzu	10
B069	5	Kimpanzu	10
B070	5	Nlaza	10
B071	4	Kinlaza	10
B072	4	Kinlaza	10
B073	4	Nsaku	10
B074	3	Nlaza	12

B075	3	Ngoyo	10
B076	4	Kimpanzu	10
B077	4	Nlaza	10
B078	4	Mpanzu	10
B079	5	Nsaku	10
B080	5	Kimvemba	9
B081	5	Nsaku	8
B082	4	Mvemba	10
B083	4	Mpanzu	10
B084	4	Nzinga	10
B085	4	Nlaza	10
B086	5	Mpanzu	10
B087	3	Kimpemba	10
B088	4	Vita Nimi	12
B089	4	Vita Nimi	12
B090	5	Nsaku ne Vunda	10
B091	4	Nsaku	12
B092	4	Mvemba	10
B093	4	Mpanzu	12
B094	4	Nzinga	10
B095	4	Kinzinga	10
B096	5	Nintumba	11
B097	5	Nintumba Mvemba	10
B098	5	Mpanzu	12
TOTAL	418		1002
MOYENNE	4.3		10.2

Dans le secteur de Boko, la moyenne des unités monadiques est de 4.3 par village.

Cela peut expliquer une forte cohésion des unités monadiques pour vivre ensemble.

La figure 18 donne une illustration graphique des données du tableau 25.1.

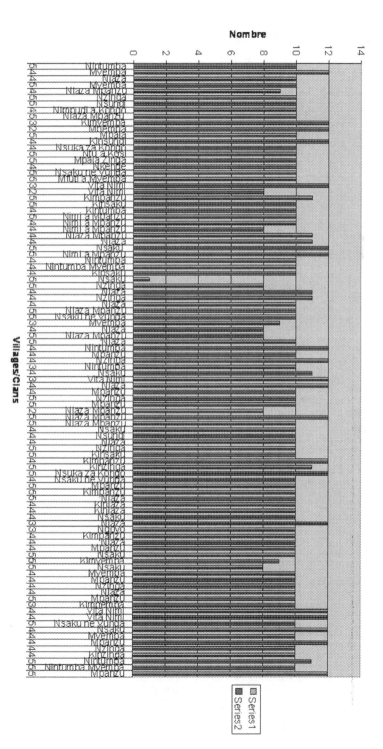

Fig 18 : REPARTITION DES UNITES MONADIQUES ET CLANS PAR VILLAGE SECTEUR DE BOKO

2. **TABLEAU 25.2 : SECTEUR DE KIVULU**

VILLAGES	NGUDI	LUVILA	INDIVIDUS
K001	4	Kinsaku	12
K002	4	Nlaza Mpanzu	10
K003	5	Vita Nimi	12
K004	3	Nintumba Mvemba	10
K005	4	Nlaza Mpanzu	10
K006	4	Nsundi	10
K007	3	Masaki	10
K008	3	Kinsundi	10
K009	4	Nsundi	10
K010	5	Nsaku	12
K011	4	Nsaku ne Vunda	10
K012	3	Nintumba Mvemba	12
K013	3	Nimi a Mpanzu	10
K014	4	Nsuka za Kongo	12
K015	4	Mpanzu	10
K016	4	Nintumba Mvemba	12
K017	4	Nimi a Mpanzu	12
K018	5	Mvemba	10
K019	3	Nsaku ne Vunda	10
K020	5	Mpala Nzinga	12
K021	4	Kimvemba	11
K022	4	Mbemba	12
K023	4	Kimpanzu	10
K024	5	Kinsundi	12
K025	5	Nlaza Mpanzu	10
K026	5	Nlaza Mpanzu	11
K027	4	Nimi a Mpanzu	11
K028	4	Nsaku	12
TOTAL	**113**		**305**
MOYENNE	**4**		**10.9**

Dans le secteur de Kivulu, la moyenne des unités monadiques est de 4 par village.

Cela peut s'expliquer par une forte unité des « *ngudi* » pour demeurer ensemble dans le même village.

Il peut s'agir d'un signe de bonne entente entre les unités monadiques.
La figure 19 donne une illustration graphique des données du tableau 25.2.

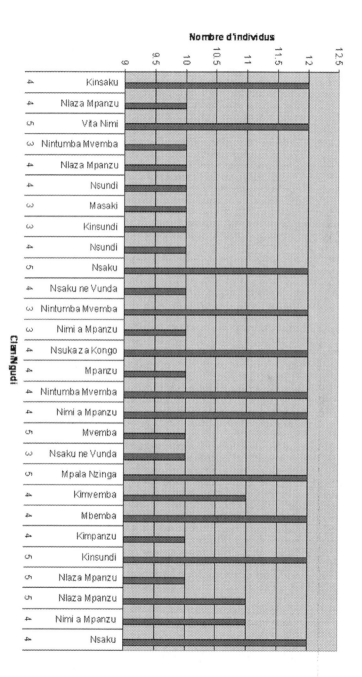

Fig.19 : Répartition des unités monadiques et clans par village : Secteur de Kivulu

3.   <u>TABLEAU 25.3 : SECTEUR DE KWILU-NGONGO</u>

VILLAGES	NGUDI	LUVILA	INDIVIDUS
Kw01	3	Mpanzu	11
Kw02	3	Vita Nimi	10
Kw03	4	Nimpudi a Kongo	10
Kw04	4	Ntu a Nkosi	10
Kw05	4	Kinsaku	12
Kw06	4	Nintumba Mvemba	10
Kw07	3	Nzinga	10
Kw08	3	Mpala Nzinga	12
Kw09	2	Mpala Nzinga	11
Kw10	3	Nzinga	12
Kw11	4	Mbemba	8
Kw12	4	Mpanzu	12
Kw13	3	Nsuka za Kongo	12
Kw14	3	Vita Nimi	10
Kw15	4	Kimpanzu	9
Kw16 ˈ	5	Mfuti a Mvemba	9
Kw17	3	Nkenge	8
Kw18	4	Mpanzu	10
Kw19	4	Nlaza Mpanzu	10
Kw20	4	Vita Nimi	10
Kw21	3	Nkenge	10
Kw22	5	Kimvemba	10
Kw23	5	Nsuka za Kongo	10
Kw24	3	Mbemba	12
Kw25	3	Ntu a Nkosi	10
Kw26	4	Mpala Nzinga	10
Kw27	4	Kimpemba	10
Kw28	4	Kinlaza	10
Kw29	5	Nimpudi a Kongo	10
Kw30	4	Nimi a Mpanzu	10
Kw31	4	Masaki	10
Kw32	2	Mbala	10
Kw33	3	Nlaza Mpanzu	12
Kw34	4	Vita Nimi	12
Kw35	4	Kinsundi	10
Kw36	5	Nsaku	10
Kw37	3	Nsaku ne Vunda	10
Kw38	4	Mpala Nzinga	10
Kw39	4	Kinlaza	12
Kw40	3	Wumba	10
Kw41	3	Mpudi	10

Kw42	3	Ngimbi	10
Kw43	4	Ndamba	10
Kw44	4	Ntambakani	10
Kw45	4	Kinkumba	10
Kw46	3	Nsaku malele	1
Kw47	3	Mpanzu	10
Kw48	4	Vita Nimi	12
Kw49	4	Mbala	11
Kw50	3	Nintumba Mvemba	10
Kw51	2	Mvemba	8
Kw52	3	Nintumba Mvemba	12
Kw53	3	Nlaza Mpanzu	10
TOTAL	190		538
MOYENNE	3.6		10.2

Dans le secteur de Kwilu-Ngongo, la moyenne des unités monadiques est de 3.6 par village. On compte seulement 5 villages avec 5 unités monadiques contrairement au secteur de Boko et de Kivulu. Il peut s'agir d'un problème de dislocation des unités monadiques suite à la mésentente ou de l'implantation des « *ngudi* » à l'origine.

La figure 20 nous donne une illustration graphique des données du tableau 25.3.

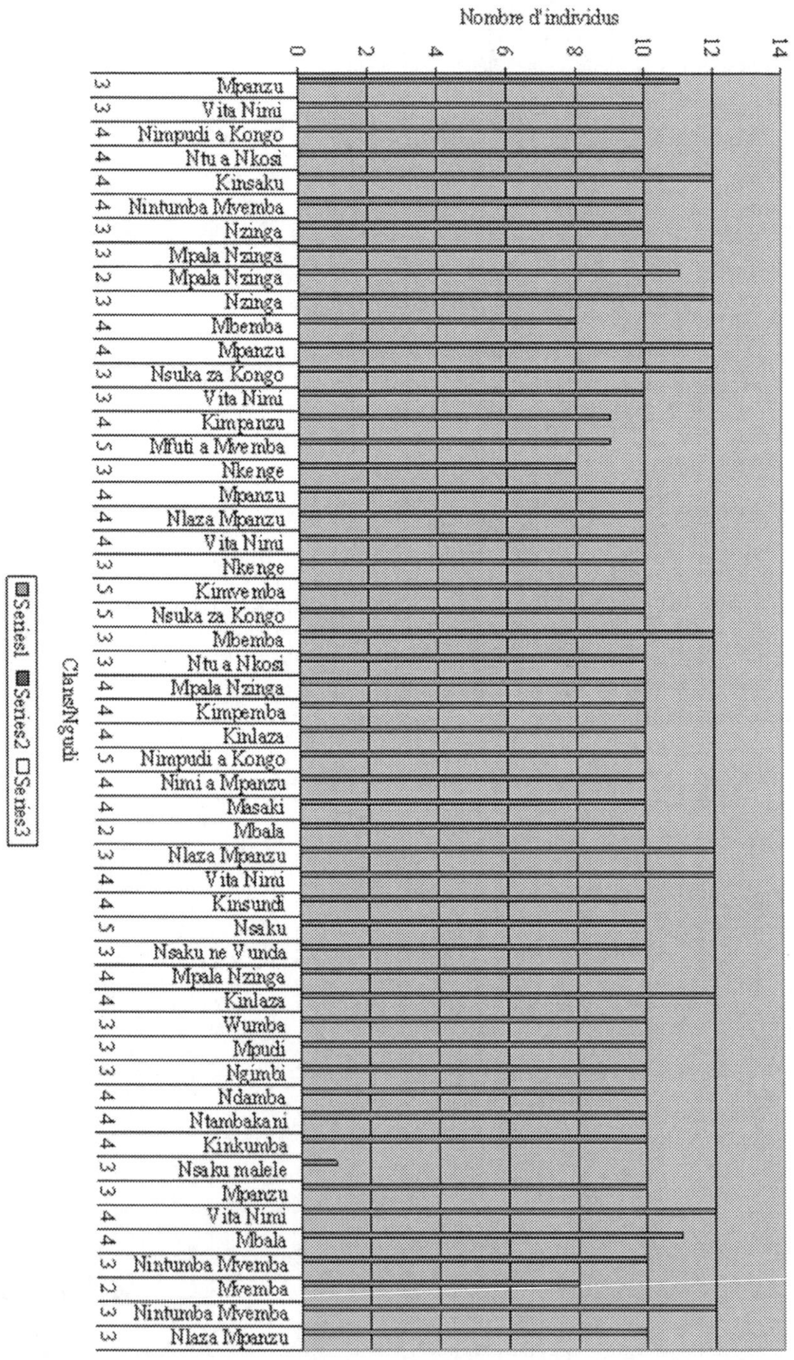

Nombre d'individus

Clans/Ngudi	
3	Mpanzu
3	Vita Nimi
4	Nimpudi a Kongo
4	Ntu a Nkosi
4	Kinsaku
4	Nintumba Mvemba
3	Nzinga
3	Mpala Nzinga
2	Mpala Nzinga
3	Nzinga
4	Mbemba
4	Mpanzu
3	Nsuka za Kongo
3	Vita Nimi
4	Kimpanzu
5	Mfuti a Mvemba
3	Nkenge
4	Mpanzu
4	Nlaza Mpanzu
4	Vita Nimi
3	Nkenge
5	Kimvemba
5	Nsuka za Kongo
3	Mbemba
4	Ntu a Nkosi
4	Mpala Nzinga
4	Kimpemba
4	Kinlaza
5	Nimpudi a Kongo
4	Nimi a Mpanzu
4	Masaki
2	Mbala
3	Nlaza Mpanzu
4	Vita Nimi
4	Kinsundi
5	Nsaku
3	Nsaku ne Vunda
4	Mpala Nzinga
4	Kinlaza
3	Wumba
3	Mpudi
3	Ngimbi
4	Ndamba
4	Ntambakani
4	Kinkumba
3	Nsaku malele
3	Mpanzu
4	Vita Nimi
4	Mbala
3	Nintumba Mvemba
2	Mvemba
3	Nintumba Mvemba
3	Nlaza Mpanzu

Series1 ■ Series2 ☐ Series3

Fig. 20 : Répartition des unités monadiques et des clans par village :
Secteur de Kwilu-Ngongo

4.   TABLEAU 25.4 : SECTEUR DE LUNZADI

VILLAGES	NGUDI	LUVILA	INDIVIDUS
L001	3	Kinkumba	12
L002	4	Nsakila	10
L003	3	Kimbamba	10
L004	3	Longo	10
L005	3	Kimbauka	12
L006	4	Kiluangu	11
L007	3	Kilombo	11
L008	5	Mpanzu	12
L009	4	Tadi	12
L010	5	Kimfutila	10
L011	4	Vita Nimi	10
L012	3	Kifuma	10
L013	2	Kinkezi	10
L014	3	Nsaku	10
TOTAL	49		150
MOYENNE	3.5		10.7

Dans le secteur de Lunzadi, la moyenne des unités monadiques est de 3.5 par village.

Il faudra comparer avec la densité de la population dans le secteur et aussi le problème de dislocation des « *bana ngudi* » pour diverses raisons.

La figure 21donne une illustration graphique des données du tableau 25.4.

Gutu Kia Zimi, Ph.D

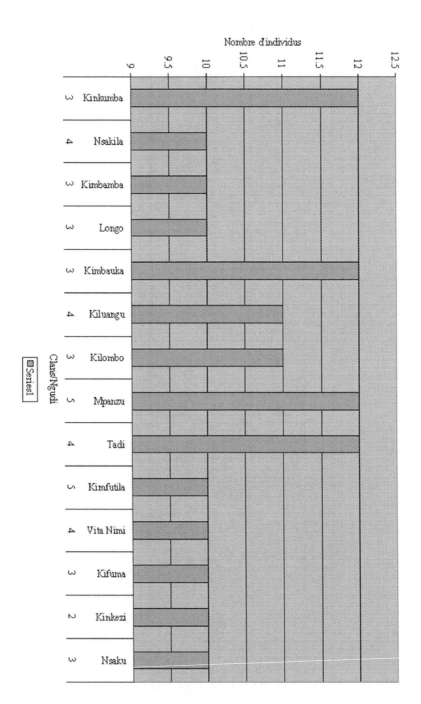

Fig.22 : Répartition des unités monadiques et clans par village :
Secteur de Lunzadi

5.   **TABLEAU 25.5. : SECTEUR DE NGOMBE-MATADI**

VILLAGES	NGUDI	LUVILA	INDIVIDUS
Gm01	4	Nlaza	12
Gm02	3	Mpanzu	10
Gm03	3	Nsaku	1
Gm04	5	Kinsaku	10
Gm05	3	Nlaza Mpanzu	10
Gm06	4	Nsaku	10
Gm07	3	Mpanzu	10
Gm08	3	Nintumba	10
Gm09	3	Mvemba	10
Gm10	4	Nintumba Mvemba	10
Gm11	2	Kingombe	10
Gm12	4	Kinsundi	10
Gm13	4	Kinlaza	9
Gm14	3	Kinsundi	11
Gm15	3	Kinkuzu	10
Gm16	4	Mpala Nzinga	10
Gm17	5	Mpumba	10
Gm18	4	Nsundi	10
Gm19	3	Nintumba	10
Gm20	3	Mvemba	10
Gm21	4	Nlaza Mpanzu	11
Gm22	4	Vita Nimi	11
Gm23	4	Kinlaza	12
Gm24	3	Kizongo	12
Gm25	4	Nzinga	10
Gm26	4	Kinlaza	10
Gm27	5	Nsaku	10
Gm28	4	Kinlaza	10
TOTAL	**102**		**279**
MOYENNE	**3.6**		**10**

Dans le secteur de Gombe-Matadi, la moyenne des unités monadiques est de 3,6 par village.

Il faudra comparer cette situation avec les données démographiques comme la densité de la population et l'occupation des terres pour savoir s'il n'y a pas un problème de séparation des unités monadiques pour diverses causes.

La figure 23 donne une illustration graphique des données.

173

Gutu Kia Zimi, Ph.D

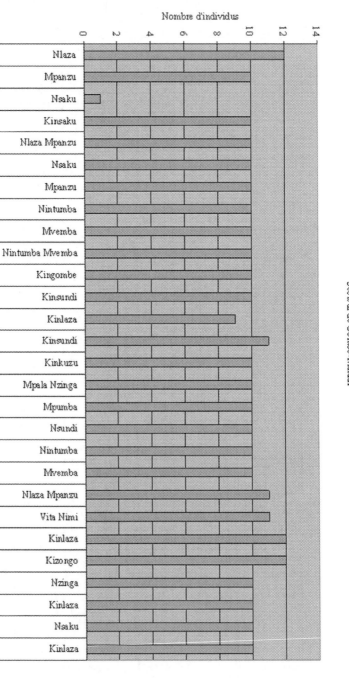

Fig.22 : Répartition des unités monadiques et clans par village
Secteur de Gombe-Matadi

174

6.   TABLEAU 25.6 : SECTEUR DE GOMBE-SUD

VILLAGES	NGUDI	LUVILA	INDIVIDUS
Gs01	4	Mpanzu	8
Gs02	3	Vita Nimi	9
Gs03	3	Kimpanzu	10
Gs04	5	Kimpudi	10
Gs05	3	Kinsundi	9
Gs06	4	Kimpaku	11
Gs07	4	Kinkumba	12
Gs08	4	Kimpanzu	11
Gs09	5	Kimvemba	10
Gs10	3	Mvemba	12
Gs11	3	Kifuma	10
Gs12	5	Kinsaku	10
Gs13	4	Nlaza Mpanzu	10
Gs14	2	Kinlaza	8
Gs15	3	Mvemba	10
Gs16	4	Nintumba	10
Gs17	3	Mpala Nzinga	9
Gs18	4	Kimbembe	10
Gs19	5	Mpanzu	10
Gs20	3	Ndamba Ngolo	11
Gs21	3	Kinsuka	12
Gs22	4	Kimpudi	10
Gs23	3	Vita Nimi	10
Gs24	4	Kimpangu	10
Gs25	4	Kindamba	12
Gs26	3	Kimfutila	12
Gs27	3	Kimvemba	12
Gs28	3	Kimvika	10
Gs29	2	Kinsula	8
Gs30	3	Kimbembe	10
Gs31	2	Mvudi	7
Gs32	3	Kimuanza	10
Gs33	3	Kimfutila	9
Gs34	4	Kinkumba	10
Gs35	3	Kibumbu	10
TOTAL	121		352
MOYENNE	3.5		10.1

La moyenne des unités monadiques est de 3,5 par village dans le secteur de Gombe-Sud.

Il faudra comparer avec les données démographiques et l'occupation des terres pour savoir si le secteur ne connaît pas un problème de dislocation des unités monadiques pour diverses causes.

La figure 24 donne une illustration graphique des données.

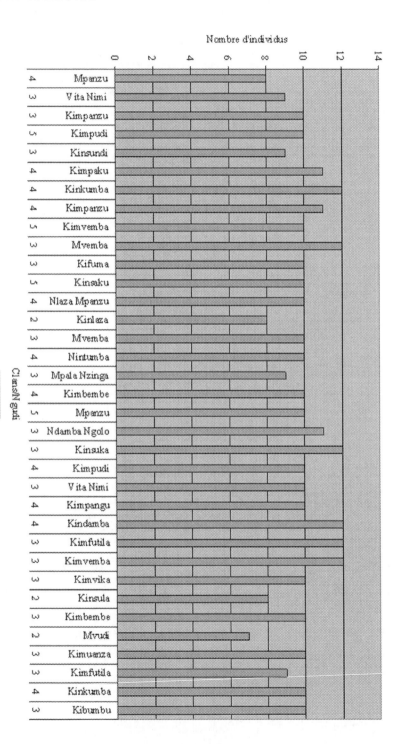

Fig.24 : Répartition des unités monadiques et dans par village
Secteur de Gombe-Sud

Nombre d'individus

Clans/Ngudi

Series1

4	Mpanzu
3	Vita Nimi
3	Kimpanzu
5	Kimpudi
3	Kinsundi
4	Kimpaku
4	Kinkumba
4	Kimpanzu
5	Kimvemba
3	Mvemba
3	Kifuma
5	Kinsaku
4	Nlaza Mpanzu
2	Kinlaza
3	Mvemba
4	Nintumba
3	Mpala Nzinga
4	Kimbembe
5	Mpanzu
3	Ndamba Ngolo
3	Kinsuka
4	Kimpudi
3	Vita Nimi
4	Kimpangu
4	Kindamba
3	Kimfutila
3	Kimvemba
3	Kimvika
2	Kinsula
3	Kimbembe
2	Mvudi
3	Kimuanza
3	Kimfutila
4	Kinkumba
3	Kibumbu

7.   **TABLEAU 25.7 : SECTEUR DE TIMANSI**

VILLAGES	NGUDI	CLAN/LUVILA	INDIVIDUS
Ti01	4	Mpanzu	12
Ti02	4	Mpungi	10
Ti03	4	Nlaza Mpanzu	10
Ti04	3	Nsaku	10
Ti05	3	Malunga	11
Ti06	4	Kimvemba	12
Ti07	4	Kinsundi	10
Ti08	3	Mpala Nzinga	10
Ti09	4	Mpanzu	12
Ti10	4	Nlaza Mpanzu	10
Ti11	4	Kinsundi	10
Ti12	3	Nintumba	10
Ti13	4	Nsaku	12
Ti14	4	Kinlaza	10
Ti15	3	Kinsaku	10
Ti16	3	Kinzinga	10
Ti17	4	Mvemba	10
Ti18	4	Nintumba	10
Ti19	3	Mvemba	10
Ti20	4	Kinlaza	12
Ti21	4	Vita Nimi	12
Ti22	5	Nimi a Mpanzu	10
Ti23	4	Nlaza Mpanzu	10
Ti24	4	Mpala Nzinga	10
Ti25	3	Mpanzu	11
Ti26	3	Nintumba	10
Ti27	2	Nsundi	10
Ti28	3	Nsaku	8
Ti29	4	Mvemba	9
Ti30	3	Nlaza Mpanzu	10
Ti31	3	Kinlaza	11
Ti32	4	Nintumba	10
Ti33	3	Kinsaku	10
Ti34	3	Kimpanzu	9
Ti35	4	Nintumba	10
Ti36	5	Mpanzu	10
Ti37	4	Nkenge	8
Ti38	3	Mfuti a Mvemba	9
Ti39	4	Kimpanzu	9
Ti40	4	Nlaza Mpanzu	10

Ti41	3	Nlaza Mpanzu	10
Ti42	5	Kinlaza	8
Ti43	4	Nintumba	9
Ti44	4	Nsaku ne Vunda	10
Ti45	4	Mfuti a Mvemba	10
Ti46	3	Kimvemba	10
Ti47	3	Kinsundi	9
Ti48	3	Mvemba	8
Ti49	4	Mpanzu	10
Ti50	4	Nkenge	12
Ti51	2	Kimpanzu	9
Ti52	3	Nsuka za Kongo	8
Ti53	4	Mbemba	9
Ti54	2	Nsaku	8
Ti55	3	Nlaza Mpanzu	10
Ti56	4	Nlaza Mpanzu	10
Ti57	4	Vita Nimi	12
Ti58	3	Nimi a Mpanzu	11
Ti59	3	Nimpudi a Kongo	10
Ti60	4	Mpanzu	10
Ti61	3	Nsundi	12
Ti62	2	Nsaku ne Vunda	9
Ti63	4	Kinsaku	9
Ti64	4	Nlaza Mpanzu	10
Ti65	3	Kinlaza	10
Ti66	4	Nlaza	10
TOTAL	234		660
MOYENNE	3.5		10

La moyenne des unités monadiques par village dans le secteur de Timansi est de 3,5.

Nous pourrions aussi confronter cette situation aux données démographiques, par exemple, la taille des villages pour savoir s'il n'y a pas un problème de dislocation des « *bana ngudi* ».

La figure 25 donne une illustration graphique des données.

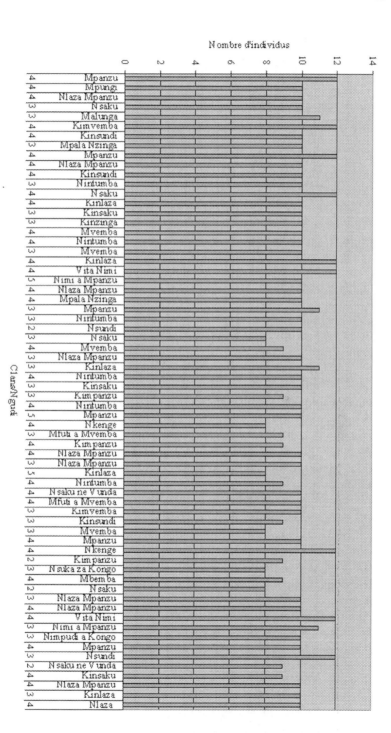

Fig.25 : Répartition des unités monadiques et clans par village Secteur de Timansi

Ces données montrent que les clans sont inégalement répartis dans la zone. Certains clans sont dominants dans un secteur plutôt que dans un autre. Aussi, tous les clans ne se retrouvent pas dans tous les secteurs. Connaître les raisons de cette répartition inégale constitue une piste de recherche intéressante. Plusieurs hypothèses peuvent être avancées sur l'occupation de l'espace *kongo*, notamment les différentes directions prises par les fils *Ne Kongo* au départ de Kongo-dia-Ntotila [29] ; les mouvements migratoires ; la dislocation des clans suite aux conflits internes ou à la mésentente entre les membres du clan ; et les alliances par le mariage. D'autres chercheurs, viendront nous éclairer à ce sujet.

2.5.4. **LES LIAISONS MONADIQUES ET CLANIQUES**

Trois aspects sont étudiés en ce qui concerne les liaisons monadiques et claniques. Il s'agit des aspects ci-après : liaisons monadiques d'un individu avec parents et grands-parents ; liaisons claniques à trois niveaux d'un individu avec parents et grands-parents ; ainsi que liaisons monadiques et types de parenté.

2.5.4.1. **LIAISONS MONADIQUES : INDIVIDU-PARENTS-GRANDS-PARENTS**

Le tableau n° 26 donne une illustration des liaisons monadiques dans une échelle à trois niveaux : Individu-Parents-Grands-Parents. Le tableau n° 27 présente une illustration de liaisons claniques possibles dans le cas d'un individu dans une échelle à trois niveaux : Individus-Parents-Grands-Parents. Pour le cas d'un individu, on note 21 liaisons monadiques possibles comme le *Kitata (paternel), le Kimama (maternel), le Kintekolo (petit-fils), le Kinzitu (beau-fils), le Kinkuezi (beau-frère), le Kilongo ou Nkuelani (mariage).* Pour connaître, dans les villages enquêtés, les possibilités des

---

[29]   On peut lire à ce sujet : Mgr J. Cuvelier, Nkutama a mvila za makanda, Imp. Mission Catholique Tumba, 1934.

liaisons monadiques entre les différents clans suivant l'echelle INDIVIDU-PARENTS-GRANDS-PARENTS, il suffit d'appliquer la formule ci-dessous :

$$A_n^p = \frac{n!}{(n-p)!}$$

Les possibilités des liaisons de clans dans l'échelle INDIVIDU-PARENTS peuvent être obtenues à l'aide de la formule ci-après :

$$A = A_{nbreClans}^2 \qquad \text{(a)} \quad A^2n = n(n-1) = 2(2-1) = 2$$

TABLEAU 26. <u>ILLUSTRATION DES LIAISONS MONADIQUES (INDIVIDU-PARENTS-GRANDS-PARENTS)</u>

INDIVIDUS 1	MERE 2	PERE 3	GPM 4	GMM 5	GPP 6	GMP 7	OBSERVATIONS
Nlaza	Nlaza	Nintumba	Mvemba	Nlaza	Nzinga	Nintumba	(1)(2) : Kimama
Mpanzu	Mpanzu	Nintumba	Nlaza	Mpanzu	Vitanimi	Nintumba	(1)(3) : Kitata
							(1)(5) : Ntekolo
							(1)(4) : Ntekolo
							(1)(7) : Ntekolo
							(1)(6) : Ntekolo
							(2)(3) : Longo
							(2)(4) : Kitata
							(2)(5) : Kimama
							(2)(6) : Kizitu
							(2)(7) : Kizitu
							(3)(4) : Kizitu
							(3)(5) : Kizitu
							(3)(6) : Kitata
							(3)(7) : Kimama
							(4)(5) : Longo
							(4)(6) : Kinkuezi
							(4)(7) : Kinkuezi
							(5)(6) : Kinkuezi
							(5)(7) : Kinkuezi
							(6)(7) : Longo

LEGENDE
GPM : Grand-père maternel; GMM : Grand-mère maternelle
GPP : Grand-père paternel ; GMP : Grand-mère paternelle

TOTAL : 21

Ce tableau indique 21 liaisons monadiques possibles dans l'échelle individu-Parents-Grands-Parents.

2.5.4.2. LIAISONS CLANIQUES A TROIS NIVEAUX : INDIVIDU-PARENTS- GRANDS-PARENTS

Les possibilités des liaisons de clans dans l'échelle INDIVIDU-PARENTS-GRANDS-PARENTS peuvent être calculées à l'aide de la formule suivante :

$$A = A^2_{nbreClans \times (nbreClans-1) \times (nbreClans-1)} \text{ (b)}$$

Suivant cette formule (b), l'estimation théoriques des possibilités de liaisons claniques dans les différents secteurs, selon l'echelle INDIVIDU-PARENTS-GRANDS-PARENTS (tableau 27 ci-dessous)[30], est la suivante :

1. Secteur de Boko: $A^2_{n\,(n-1)\,(n-1)}$ = 29x28x28x28 = 636.608 liaisons possibles
2. Secteur de Lunzadi: $A^2_{n\,(n-1)\,(n-1)}$ = 13x12x12x12 = 22.464 « «
3. Secteur de Kwilu-Ngongo: $A^2_{n\,(n-1)\,(n-1)}$ = 29x28x28x28 = 636.608 « «
4. Secteur de Kivulu: $A^2_{n\,(n-1)\,(n-1)}$ = 15x14x14x14 = 41.160 « «
5. Secteur de Gombe-Matadi: $A^2_{n\,(n-1)\,(n-1)}$ = 18x17x17x17 = 88.434 « «
6. Secteur de Timansi: $A^2_{n\,(n-1)\,(n-1)}$ = 24x23x23x23 = 292.008 « «
7. Secteur Gombe Sud: $A^2_{n\,(n-1)\,(n-1)}$ = 26x25x25x25 = 406.250 « «

Pour l'ensemble de la zone, avec 55 clans identifiés, les possibilités des liaisons monadiques seraient : $A^2_{n\,(n-1)\,(n-1)}$ = 55x54x54x54 = 8.660.520. Si nous extrapollons au niveau de l'espace Kongo, selon Ne Muanda Nsemi[31], l'ancêtre Kongo Nimi se maria avec mama Ngunu. Ils mirent

---

[30] Voir l'illustration des liaisons claniques : Individu-Parents-Grands-Parents dans le tableau 27.

[31] NE MUANDA NSEMI, Rehabiliter le Kikongo, www.ne-kongo.net/observateur/kongo-0309/Mimvila.htm.

au monde trois enfants : Nsaku, Mpanzu et Nzinga. Les noms de ces trois enfants devinrent les noms de trois clans de base des enfants de Ne Kongo, du peuple de Kongo dia Ntotila, de la nation Kongo, des Bakongo, de la communauté Kongo. Ceci est à la base de la cosmogonie Kongo « *makukua matatu matelekoluanga nzungu*», c'est-à-dire les trois *makukua* (termitières ou pierres) sur lesquels repose la société Nekongo. Selon le même auteur, du clan Nsaku, on compte plus de 132 clans issus de l'ancêtre Nsaku, 163 clans issus de l'ancêtre Mpanzu et plus de 85 clans des descendants de l'ancêtre Nzinga, soit plus de 380 clans différents dans l'espace Kongo.

TABLEAU 27
ILLUSTRATION DES CAS DE LIAISONS CLANIQUES POSSIBLES
(INDIVIDU-PARENTS-GRANDS-PARENTS)

Individu	Mère	Père	GMM	GPM	GMP	GPP
Mpanzu	Mpanzu	Mpungi	Mpanzu	Mpungi	Mpungi	Nlanza Mpanzu
Mpungi	Mpungi	Nlanza Mpanzu	Mpungi	Nlanza Mpanzu	Nlanza Mpanzu	Nsaku
Nlanza Mpanzu	Nlanza Mpanzu	Nsaku	Nlanza Mpanzu	Nsaku	Nsaku	Nlanza Mpanzu
Nsaku	Nsaku	Nlanza Mpanzu	Nsaku	Nlanza Mpanzu	Nlanza Mpanzu	Kinzwemba
Nlanza Mpanzu	Nlanza Mpanzu	Kinzwemba	Nlanza Mpanzu	Kinzwemba	Kinzwemba	Kinsundi
Kinzwemba	Kinzwemba	Kinsundi	Kinzwemba	Kinsundi	Kinsundi	Mbala Nzinga
Kinsundi	Kinsundi	Mpala Nzinga	Kinsundi	Mpala Nzinga	Mpala Nzinga	Mpanzu
Mpala Nzinga	Mpala Nzinga	Mpanzu	Mpala Nzinga	Mpanzu	Mpanzu	Nlanza Mpanzu
Mpanzu	Mpanzu	Nlanza Mpanzu	Mpanzu	Nlanza Mpanzu	Nlanza Mpanzu	Kinsundi
Nlanza Mpanzu	Nlanza Mpanzu	Kinsundi	Nlanza Mpanzu	Kinsundi	Kinsundi	Nintumba
Kinsundi	Kinsundi	Nintumba	Kinsundi	Nintumba	Nintumba	Nsaku
Nintumba	Nintumba	Nsaku	Nintumba	Nsaku	Nsaku	Kinlaza
Nsaku	Nsaku	Kinlaza	Nsaku	Kinlaza	Kinlaza	Kinsaku
Kinlaza	Kinlaza	Kinsaku	Kinlaza	Kinsaku	Kinsaku	Kinzinga
Kinsaku	Kinsaku	Kinzinga	Kinsaku	Kinzinza	Kinzinza	Mvemba
Kinzinza	Kinzinza	Mvemba	Kinzinza	Mvemba	Mvemba	Nintumba
Mvemba	Mvemba	Nintumba	Mvemba	Nintumba	Nintumba	Mvemba
Nintumba	Nintumba	Mvemba	Nintumba	Mvemba	Mvemba	Kinlaza
Mvemba	Mvemba	Kinlaza	Mvemba	Kinlaza	Kinlaza	Vita Nimi
Kinlaza	Kinlaza	Vita Nimi	Kinlaza	Vita Nimi	Vita Nimi	Nimiampanzu
Vita Nimi	Vita Nimi	Nimiampanzu	Vita Nimi	Nimiampanzu	Nimiampanzu	Nlanza Mpanzu
Nimiampanzu	Nimiampanzu	Nlanza Mpanzu	Nimiampanzu	Nlanza Mpanzu	Nlanza Mpanzu	Mpala Nzinga
Nlanza Mpanzu	Nlanza Mpanzu	Mpala Nzinga	Nlanza Mpanzu	Mpala Nzinga	Mpala Nzinga	Mpanzu
Mpala Nzinga	Mpala Nzinga	Mpanzu	Mpala Nzinga	Mpanzu	Mpanzu	Nintumba
Mpanzu	Mpanzu	Nintumba	Mpanzu	Nintumba	Nintumba	Nsundi
Nintumba	Nintumba	Nsundi	Nintumba	Nsundi	Nsundi	Nsaku
Nsundi	Nsundi	Nsaku	Nsundi	Nsaku	Nsaku	Mvemba
Nsaku	Nsaku	Mvemba	Nsaku	Mvemba	Mvemba	Nlaza
Mvemba	Mvemba	Nlaza	Mvemba	Nlaza	Nlaza	Kinlaza
Nlaza	Nlaza	Kinlaza	Nlaza	Kinlaza	Kinlaza	Nintumba
Kinlaza	Kinlaza	Nintumba	Kinlaza	Nintumba	Nintumba	Kinsaku
Nintumba	Nintumba	Kinsaku	Nintumba	Kinsaku	Kinsaku	Kimpanzu
Kinsaku	Kinsaku	Kimpanzu	Kinsaku	Kimpanzu	Kimpanzu	Nintumba
Kimpanzu	Kimpanzu	Nintumba	Kimpanzu	Nintumba	Nintumba	Mpanzu
Nintumba	Nintumba	Mpanzu	Nintumba	Mpanzu	Mpanzu	Nkenge
Mpanzu	Mpanzu	Nkenge	Mpanzu	Nkenge	Nkenge	Mfutiamvemba
Nkenge	Nkenge	Mfutiamvemba	Nkenge	Mfutiamvemba	Mfutiamvemba	Kimpanzu
Mfutiamvemba	Mfutiamvemba	Kimpanzu	Mfutiamvemba	Kimpanzu	Kimpanzu	Nlaza Mpanzu
Kimpanzu	Kimpanzu	Nlaza Mpanzu	Kimpanzu	Nlaza Mpanzu	Nlaza Mpanzu	Nlaza
Nlaza Mpanzu	Nlaza Mpanzu	Nlaza	Nlaza Mpanzu	Nlaza	Nlaza	Kinlaza
Nlaza	Nlaza	Kinlaza	Nlaza	Kinlaza	Kinlaza	Nintumba
Kinlaza	Kinlaza	Nintumba	Kinlaza	Nintumba	Nintumba	Nsaku ne vunda
Nintumba	Nintumba	Nsaku ne vunda	Nintumba	Nsaku ne vunda	Nsaku ne vunda	Mfutiamvemba
Nsaku ne vunda	Nsaku ne vunda	Mfutiamvemba	Nsaku ne vunda	Mfutiamvemba	Mfutiamvemba	Kinzwemba
Mfutiamvemba	Mfutiamvemba	Kinzwemba	Mfutiamvemba	Kinzwemba	Kinzwemba	Kinsundi
Kinzwemba	Kinzwemba	Kinsundi	Kinzwemba	Kinsundi	Kinsundi	Mvemba
Kinsundi	Kinsundi	Mvemba	Kinsundi	Mvemba	Mvemba	Mpanzu
Mvemba	Mvemba	Mpanzu	Mvemba	Mpanzu	Mpanzu	Nkenge
Mpanzu	Mpanzu	Nkenge	Mpanzu	Nkenge	Nkenge	Kimpanzu
Nkenge	Nkenge	Kimpanzu	Nkenge	Kimpanzu	Kimpanzu	Nsuka za kongo
Kimpanzu	Kimpanzu	Nsuka za kongo	Kimpanzu	Nsuka za kongo	Nsuka za kongo	Mbemba
Nsuka za kongo	Nsuka za kongo	Mbemba	Nsuka za kongo	Mbemba	Mbemba	Nsaku
Mbemba	Mbemba	Nsaku	Mbemba	Nsaku	Nsaku	Nlaza
Nsaku	Nsaku	Nlaza	Nsaku	Nlaza	Nlaza	Nlaza Mpanzu
Nlaza	Nlaza	Nlaza Mpanzu	Nlaza	Nlaza Mpanzu	Nlaza Mpanzu	Vitanimi
Nlaza Mpanzu	Nlaza Mpanzu	Vitanimi	Nlaza Mpanzu	Vitanimi	Vitanimi	Nimiampanzu
Vitanimi	Vitanimi	Nimiampanzu	Vitanimi	Nimiampanzu	Nimiampanzu	Nimpudiakongo
Nimiampanzu	Nimiampanzu	Nimpudiakongo	Nimiampanzu	Nimpudiakongo	Nimpudiakongo	Mpanzu
Nimpudiakongo	Nimpudiakongo	Mpanzu	Nimpudiakongo	Mpanzu	Mpanzu	Nsundi
Mpanzu	Mpanzu	Nsundi	Mpanzu	Nsundi	Nsundi	Nsaku ne vunda
Nsundi	Nsundi	Nsaku ne vunda	Nsundi	Nsaku ne vunda	Nsaku ne vunda	Kinsaku
Nsaku ne vunda	Nsaku ne vunda	Kinsaku	Nsaku ne vunda	Kinsaku	Kinsaku	Nlaza Mpanzu
Kinsaku	Kinsaku	Nlaza Mpanzu	Kinsaku	Nlaza Mpanzu	Nlaza Mpanzu	Kinlaza

LEGENDE
GMM : Grand-mère maternelle
GPM : Grand-père maternel
GMP : grand-mère paternelle
GPP : Grand-père paternel

2.5.4.3. LIAISONS MONADIQUES ET TYPES DE PARENTE

Il existe dans la zone un énorme potentiel des relations monadiques, qui peut être exploité pour le développement. Cela est souvent méconnu des individus surtout en cette période de perdition de la culture Kongo. Ces liaisons monadiques[32] permettent de distinguer trois types de parenté:

1. La parenté directe et collatérale dans le clan du côté de la mère comme :

    a) le *kimuana* (enfant) vis-à-vis de sa *ngudi* – mère qu'il appelle *mama* ;

    b) *Kintekolo* (petit-enfant) vis-à-vis de sa *nkaka ou nkay* (grand-mère) qu'il appelle *nkaka* ou *yaya ;*

    c) *Muana ntekolo* ou *Ntekololo* (arrière-petit-enfant) vis-à-vis de sa *ngudi nkaka* (arrière grand-mère) ;

    d) *Muana nkazi* (neveu ou nièce) vis-à-vis de ses oncles maternels et par rapport à celui qui a ses oncles maternels, *le mbuta muna ngudi* : l'ancien de la lignée. Ce sont les *ngwa nkazi* ;

    e) *Ngudi nkazi* ou *ngwa nkazi* (oncle maternel) par rapport aux enfants de ses sœurs et de tous leurs descendants directs par les mères ;

    f) *Muana nsakila* par rapport à sa tante maternelle qu'il appelle *ngudi nsakila ;*

    g) *Mpangi ou mpangi ngudi mosi* (frère de la même mère) par rapport à ses frères et sœurs utérines (*mpangi yakala* : frère ; et *mpangi nkento* : sœur) ;

    h) *Mpangi se dimosi ye ngudi mosi* (frère du même père et de la même mère) ;

    i) *Yaya ou mpangi mbuta* (frère ou sœur aînée) par rapport à un frère plus jeune (*mpangi nleke*);

---

[32] J. VAN WING, s.j., Etudes Bakongo. Sociologie-Religion et Magie, 2°édit., Desclée de Brouwer, 1959, p.97.

2. La parenté directe ou collatérale en dehors du clan comme :

   a) Le *kimuana* vis-à-vis de son père (*se*) qu'il appelle *tata* et à tous les ascendants utérins du père qu'il appelle *mase mandi* ou *batata zandi* (ses pères) ;

   b) *Kintekolo* par rapport à ses grands-pères paternels et maternel et à la mère de son père, qui sont ses *nkaka* ;

   c) *Kimuana* vis-à-vis de son oncle paternel « *se di nsakila* » et de sa tante paternelle « *se di nkento* » ou père féminin ;

   d) *Kimpangi* vis-à-vis des frères consaguins (*mpangi za se dimosi*) ou des autres enfants de son père, mais pas de même mère, ou entre les enfants de ses oncles paternels ou tantes paternelles ;

3. La parenté entre les femmes et les parents du mari et entre le mari et les parents de la femme :

   a) *Kizitu* vis-à-vis du père et de la mère du mari (*tata nzitu ou mama nzitu*) ; aussi de l'oncle maternel ;

   b) *Bazitu* vis-à-vis des beaux-pères ; belles-mères, gendres, belles-filles (*nzitu a yakala, nzitu a nkento*) ;

   c) *Kinzadi* (beau-frère, belle-soeur), le mari est *nzadi* par rapport aux frères et sœurs de sa femme, et de même pour la femme ;

   d) *Kiyakala* (mari) et *kinkento* (épouse) ;

Cet important potentiel des liaisons monadiques mériterait d'être rechauffé et réactivité pour promouvoir le développement de la zone, de la province et du pays. Si l'on transpose le problème au niveau de l'espace Kongo, il est possible d'entrevoir des projets subnationaux dans l'espace Kongo qui couvre une partie de l'Angola, de la RDC, de la République du Congo et du Gabon.

2.5.5. RELATION DEVELOPPEMENT CONSCIENT ET MODELE MONADE DE DEVELOPPEMENT

TABLEAU 28 : RELATION ENTRE DEVELOPPEMENT CONSCIENT ET MODELE MONADE DE DEVELOPPEMENT

QUESTIONS	SECTEURS														
	Boko		Kivulu		KwNgong		Lunzadi		GbeMata		Gbe-Sud		Timansi		Total	
		%		%		%		%		%		%		%		%
1. Selon vous, quel est l'espace de la province ou du pays qu'il faut d'abord développer en priorité?																
Village	712	71	238	78	436	81	138	92	250	90	279	79	582	88	2635	80
Territoire	4	0.4	12	3.8	65	13	3	2	16	6	33	9.3	44	6.7	177	5.4
Province	126	13	29	9.5	16	2.9	7	4.5	9	3.2	33	9.3	17	2.6	237	7.2
Pays	160	16	26	8.6	22	4	2	1.7	4	1.3	7	2.2	17	2.5	238	7.2
TOTAL	1002	100	305	100	538	100	150	100	279	100	352	100	660	100	3286	100
2. Avec qui s'associer en priorité pour entreprendre une action de développement?																
Bana ngudi	929	93	293	96	481	89	136	91	222	80	286	81	615	93	2962	90
Membres hors du clan	1	0.1	8	2.6	44	8.1	5	3.2	47	17	38	11	36	5.4	179	5.4
Besi kanda (membre du clan)	72	7.2	4	1.2	13	2.4	9	5.8	10	3.5	28	8.1	9	1.4	145	4.4
TOTAL	1002	100	305	100	538	100	150	100	279	100	352	100	660	100	3286	100
3. Qui occupent et exploitent les terres dans le village?																
Bana ngudi	976	97	278	91	519	96	123	82	277	99	327	93	506	81	3096	94
Membres hors du clan	0	0	12	6.9	0	0	0	0	2	0.8	19	5.4	59	10	92	2.8
Besi kanda (membres du clan)	26	2.6	15	8	19	3.5	27	18	0	0.1	6	1.9	5	8.6	98	3
TOTAL	1002	100	305	100	538	100	150	100	279	100	352	100	660	100	3286	100
4. Comment les terres du clan sont-elles gérées?																
Bana ngudi	992	99	275	90	485	90	145	96	267	96	310	88	596	90	3070	93
Membres hors du clan	10	1	27	9	35	6.6	5	3.1	9	3.2	32	9.1	42	6.4	160	4.9
Besi kanda (membres du clan)	0	0	3	1.1	18	3.3	0	0.5	3	1.1	10	2.9	22	3.4	56	1.7
TOTAL	1002	100	305	100	538	100	150	100	279	100	352	100	660	100	3286	100
5. Qui sont les premiers responsables pour le développement du village?																
Bana ngudi et besi kanda	824	82	278	91	526	98	135	90	262	94	333	87	648	98	3006	92
Membres hors du clan	178	18	27	9	12	2.2	15	9.8	17	6.3	19	5.4	12	1.8	280	8.5
TOTAL	1002	100	305	100	538	100	150	100	279	100	352	100	660	100	3286	100
6. Les "bana ngudi" et les "besi kanda" ont-ils conscience de la dégradation des terres?																
Oui	987	99	299	98	532	99	146	97	257	92	311	88	596	90	3128	95
Non	15	1.5	6	1.8	6	1	4	2.7	22	8.7	41	12	64	9.8	158	4.8
TOTAL	1002	100	305	100	538	100	150	100	279	100	352	100	660	100	3286	100
7. Qui ont la responsabilité et la charge de la défense et la protection des terres dans le village?																
Bana ngudi et les besi kanda	984	98	300	98	476	88	139	93	242	87	346	98	604	92	3091	94
membres hors du clans	18	1.8	5	1.7	62	12	11	7.5	37	13	6	1.8	56	8.4	195	5.9
TOTAL	1002	100	305	100	538	100	150	100	279	100	352	100	660	100	3286	100

Il ressort de ce tableau que les "bana ngudi" et les "besi kanda" ont la responsabilité de la gestion des terres. Ils sont aussi les premiers responsables pour le développement du village.

Le modèle monade de développement rejoint le concept de développement conscient en ce sens que ces deux concepts font référence aux valeurs et aspects culturels, notamment l'éducation pour le développement conscient et l'unité culturelle des communautés pour le modèle monade de développement. Dans les deux cas (modèle monade de développement et développement conscient), la monade, l'unité communautaire de base du développement, reste la base du niveau d'analyse et d'action de développement. Il en est de même du processus de développement dont le village reste le pivot central pour l'organisation des activités socio-politiques et économiques, c'est-à-dire la base de la structure monadique du développement parce qu'il est constitué en majorité des membres de famille (*bana ngudi*) appartenant au même clan (*besikanda*). L'enquête désigne le village (80,2%) comme l'espace du pays ou de la province qu'il faut d'abord développer en priorité. C'est par l'éducation que l'individu, intégré dans la famille et dans le clan, peut être apte à libérer ses énergies nécessaires pour le développement. L'ensemble des individus que constituent les différentes communautés familiales, claniques, tribales ou ethniques représente une concentration d'énergie mobilisable ainsi qu'un niveau de cohésion importante grâce aux différentes liaisons monadiques favorisées surtout par l'unité culturelle. Les « *bana ngudi* » sont les premiers acteurs ou responsables pour le développement du village (91,5%). Ils assurent la gestion de la principale ressource (terre) de la zone (93,4%). La solidarité des « *bana ngudi* » offre la priorité d'association (90,1%) pour entreprendre l'action de développement. C'est de cette cohésion familiale et clanique, tribale ou ethnique, indispensable, qu'on a besoin pour promouvoir le processus de développement suivant le modèle monade de développement et ce, contrairement à d'autres théories et modèles qui privilégient d'abord l'argent (capital) comme facteur indispensable pour promouvoir le processus de développement. Les « *bana ngudi* », qui occupent et exploitent les terres (94,2%) détiennent un pouvoir économique. Ils assurent les facteurs de production, notamment les ressources naturelles comme la terre, ils offrent la main-d'oeuvre par le travail et, le capital par la valorisation de ces ressources (revenu). Ils assurent aussi la consommation et la distribution des produits, réalisant ainsi le circuit économique. La formule de Ragnar Nurkse selon laquelle « *... un pays est pauvre parce qu'il est pauvre* » *reflète l'idée commune: le développement est une question d'argent* »[33].

Paul Streeten a raison de dire que « *les obstacles au développement tiennent beaucoup plus aux comportements humains, institutions sociales et structures de pouvoir politique qu'aux pénuries des facteurs de production et à leur allocation correcte* »[34]. Par ailleurs, l'importance que le développement conscient accorde à l'éducation des hommes et des communautés ainsi que l'importance de la cohésion des communautés claniques, tribales ou ethniques que revèle le modèle monade de développement (qui identifie l'unité culturelle qui les caractérisent), confirment bien la pertinence des facteurs non-économiques de développement d'une part, et d'autre part, l'interdépendance de ces deux concepts. En effet, « *on ne valorise pas un homme à sa place, c'est l'homme lui-même qui se développe, se réalise et devient plus homme par son travail, sa participation, et son engagement* »[35]. L'éducation doit être considérée comme le coeur ou mieux encore la première clé qui ouvre la porte vers le développement. L'action éducative est indispensable aux « *bana ngudi* » qui ont la charge et la responsabilité de la défense et de la protection des terres du clan (94,1%), ceci dans le but qu'ils en comprennent le sens par une prise de conscience (95,2%).

---

[33] E. ASSIDON, Les thréories économiques du développement, Ed. La Découverte, Paris, 1992, p.12.

[34] P. J. STREETEN, "Social Science Research on Development : Some Problems in the Use and Transfer of an Intellectual Technology in Journal of economic, vol.XII, n°4, cité par I.SACH, "Développement ou maldéveloppement. Plaidoyer pour une économie qualitative », dans science économique et développpment endogène, p.62.

[35] PAPE JEAN PAUL II, Encyclique Populorum progression n°15

2.6. <u>COMMENTAIRES DES RESULTATS</u>

L'analyse statistique des résultats montre qu'il y a des différences significatives dans les réponses données par les individus de différents secteurs au regard des problèmes évoqués dans la zone. Cela montre que les problèmes évoqués en rapport avec les différents facteurs et contraintes physiques, socio-économiques et humains, sont perçus d'une manière différente dans les différents secteurs de la zone. Ces spécificités impliquent une approche différente dans la recherche des solutions aux problèmes qui se posent dans les différents secteurs de la zone. Ces solutions devront avant tout tenir compte des besoins spécifiques des communautés. La prise de conscience des problèmes évoqués est encore timide, puisque des actes contraires à la sauvegarde de l'environnement et à la dégradation des sols sont encore pratiqués. Mais, la pratique de feu de brousse suscite une controverse. Cette pratique est nécessaire à l'agriculture suivant les enquêtés. Pour la faire disparaître, il faudra la substituer à d'autres techniques et méthodes agricoles. L'action éducative s'avère nécessaire pour susciter davantage la prise de conscience dans les communautés de la zone, car il y a un avantage certain : c'est la volonté exprimée par la population de développer leur espace (village). A la question de savoir quel est l'espace de la province ou du pays qu'il faut d'abord développer, les enquêtés affirment qu'il faut d'abord développer le village. Cela confirme notre modèle de développement qui part d'en bas vers le haut. Si tous les villages sont développés, le pays aussi sera développé. D'où la préférence que les intervenants accordent aux communautés claniques et familiales comme agents pour entreprendre l'action de développement. Les Initiatives Locales de Développement (ILD) dans le secteur d'artisanat sont composées d'abord des membres proches de la famille. Les ressources dans le village sont occupées et exploitées par les membres du clan entre les « *bana ngudi* » qui sont d'ailleurs les premiers concernés pour le développement du village. Les membres du clan sont conscients de la dégradation de leurs terres dont ils ont la charge et la responsabilité de défendre et de protéger. Les enquêtés reconnaissent que la culture *Kongo* est en perdition surtout chez les jeunes dans la zone, et qu'il s'avère nécessaire de la promouvoir. Ils reconnaissent aussi la nécessité de valeurs traditionnelles *Kongo* pour le développement de la zone.

L'éducation étant le coeur du développement, il est nécessaire d'entreprendre une éducation surtout mésologique de la population. La majorité de cette population affirme que le feu de brousse est une bonne pratique pour l'agriculture, mais elle ignore que le feu de brousse est un élément qui contribue à la dégradation des sols. La population est disposée à adopter des nouvelles techniques culturales mais elle ignore ces techniques ainsi que les causes de la dégradation des sols. Il est donc important et indispensable de vulgariser des nouvelles techniques auprès de la population pour améliorer l'agriculture, principale activité dans la zone. La population est consciente de la rareté de bonnes terres et de la baisse des rendements, mais elle persiste dans ses pratiques culturales appauvrissantes, sans doute faute d'une solution de rechange. Pendant notre séjour d'enquête, nous n'avons pas eu connaissance d'une ONG qui initie spécifiquement la population aux nouvelles techniques agricoles comme l'agroforesterie. Néanmoins, la population est ouverte aux nouvelles idées. Deux facteurs qui risquent de bloquer le développement de la zone, ce sont la sorcellerie et les conflits de terres. Une action éducative est aussi nécessaire pour combattre ces deux contraintes sociales. Les données de l'enquête montrent qu'il existe dans la zone un potentiel énorme de liaisons monadiques que nous jugeons utiles et indispensables pour le développement. Ces liaisons constituent la base de la structure monadique. Il faudrait réaviver ou réactiver ces relations. La promotion de l'éducation traditionnelle et de la culture *Kongo* auprès des jeunes de la zone est donc nécessaire. Il est aussi établi que le clan ou la lignée et la terre qu'il occupe constitue une chose indivise. Chaque lignée possède ses terres cultivables, ses bois pour les défrichés, sa partie de rivière, ses sources, etc. Le tout est délimité par des bornes. Ces bornes sont soit naturelles comme des ruisseaux et des bas-fonds, soit artificielles comme certains arbres plantés à cette fin. L'aliénation absolue du sol ou d'une de ses parcelles est une chose contraire à la mentalité des membres du clan. C'est d'ailleurs l'une des causes de conflits de terres dans la zone. Cependant, ils ne trouvent pas d'inconvénients à céder contre rémunération ou parfois gratuitement la jouissance indéfinie d'une partie de leurs terres à des étrangers, soit à un clan voisin, soit à des missionnaires. Ce contrat ne rompt pas les liens, qui relient le sol aux ancêtres[36].

Les enquêtés ont bien exprimé que la terre ne se vendait pas. L'enquête indique que la stratégie de développement par l'initiative des communautés de base est envisagée et acceptée par la population. L'approche-programme révèle un manque de coordination des intervenants sur le terrain et l'aménagement des micro-foyers est très peu envisagé par la population. La population veut d'abord voir son village se développer en priorité. Néanmoins, cette stratégie d'aménagement des micro-foyers est à envisager dans le futur pour tirer un meilleur profit d'allocation des ressources dans la zone. L'enquête révèle aussi que le programme de développement insiste d'abord sur les infrastructures de base, et ensuite, sur l'agriculture et le commerce. Globalement, c'est l'action éducative qui subordonne toutes les autres actions de développement de la zone.

---

[36] J. VAN WING, op.cit, p.101.

III. CONCLUSION GENERALE

La conception du développement a beaucoup changé ces dernières années et, sans doute, elle changera encore. Les théories et les méthodes qui ont dominé durant ces dernières décennies sont souvent dépassées (théorie marxiste, communiste, classique, etc.). Aujourd'hui, avec les bouleversements spatiaux actuels et la crise qui les accompagnent (mondialisation, universalisation, changement climatique, etc.), l'accent est placé sur un développement plus réfléchi et plus conscient, comme en témoigne l'étude des technologies nouvelles soucieuses de la protection de l'environnement (concept du développement conscient). Ce concept de développement conscient devient donc nécessaire devant la floraison de nombreux problèmes de développement et d'environnement dont dépend la survie même d e l'homme. Des milliers d'articles, des centaines d'ouvrages et des milliers de communications sont publiés chaque année. En dépit de tout, le développement reste un idéal. Puisse notre modeste travail apporter sa petite contribution à ce vaste domaine de recherche. Nous avons proposé un nouveau concept de développement (le développement conscient); une nouvelle conception du modèle de développement (le modèle monade de développement). Il s'agit pour nous de suggérer quelques apports plutôt que d'établir un catalogue de théories, car une théorie vaut moins par ses propositions détaillées que par l'originalité de la façon dont elle pose les problèmes, par les choix majeurs qu'elle opère, par la synthèse qu'elle établit entre les filiations auxquelles obéissent son auteur et l'originalité de son approche.

Enfin, nous voudrions terminer cette étude par cette réflexion de H.T. ISSAKA : Presque chaque décennie, une nouvelle panacée de politiques et stratégies supposée sortir l'Afrique de l'ornière du mal développement voit le jour, pour accoucher d'une souris, puisque les conditions d'existence et le mieux être de nos populations ne s'améliorent pas. Ceci étant en grande partie dû aux politiques et aux stratégies elles mêmes, et aussi par la non prise en compte des théories et stratégies endogènes africaines de développement. Il est plus que temps que les africains aussi bien au niveau des décideurs politiques, les chercheurs, les communautés s'approprient ces théories dans la relation avec leur environnement physique, socio-économique et culturel spécifique. En effet, tant que les africains continueront de se complexer, de suivre le reste du monde sans rien apporter, l'Afrique restera à la traîne. En dehors de cette démarche, l'Afrique se met elle-même en servitude, et comme le disait si bien Thomas Sankara : « L'esclave qui ne peut pas assumer sa révolte, ne mérite pas que l'on s'apitoie sur son sort... ». Refuser soit même de prendre en charge la réflexion et les moyens de parvenir à son mieux être, n'est ni plus ni moins que se conduire à une subordination éternelle aux autres. A ce sujet, la Chine et les pays émergents d'Asie nous offrent un bel exemple. Nous formulons nos souhaits que le développement conscient réveillera la conscience de nos communautés et le modèle monade de développement aura répondu et établit la voie à cette prise de conscience.

BIBLIOGRAPHIE GENERALE

OUVRAGES

1.	**AUPETIT A.**	:	Essai sur la Théorie Générale de la Monnaie. Economie rationnelle, Librairie Marcel Rivière et Cie, Paris, 1957.
2.	**ALBERTINI J.M.**	:	Mécanisme du développement et sous-développement, Ed.Ouvrières, Paris, 1967.
3.	**ALTMAN D.**	:	Neoconomy. George Bush's revolutionary gamble with america's future, Ed. PublicAffairs, New york, 2004.
4.	**AMIN S.**	:	Le développement inégal. Essai sur les formations sociales du capitalisme périphériques, Ed. Minuit, Paris, 1973.
5.	**ASSIDON E.**	:	Les théories économiques du développement, Ed. La découverte, Paris, 1992.
6.	**ASHBY A.W.**	:	.Pour une agriculture moderne, Ed.Internationales, Paris, 1966.
7.	**ATANGATA N.**	:	Travail et Développement, Clé, Yaoundé, 1971.
8.	**AYDALOT PH.**	:	Economie Régionale et Urbaine, Economica, Paris, 1987.
9.	**BANYAKU L.**	:	Les fondements économiques de l'intégration nationale, dans Fédéralisme, Ethnicité et intégration nationale au Congo/Zaïre, IFEP, Kinshasa, 1997.
10.	**BADIKA NSUMBU**	:	Promotion du développement endogène, Aprodec, Mbanza-Ngungu/Bas-Congo, 1992.
11.	**BADOUIN R.**	:	Agriculture et accession au développement. Collection CRE, Ed. A.Pedone, Paris, 1967.
12.	**BALANDIER G.**	:	Sociologie actuelle de l'Afrique noire, PUF, Paris, 1963.
13.	**BANGA L.**	:	The project approach to rural development, IPD/Douala, 1981.
14	**BERCE J.M.**	:	Contribution à l'étude des problèmes du reboisement et la conservation des sols. Région de Thysville (Mbanza-Ngungu), Ineac, Bruxelles, 1961.
15.	**BERG R.J.**	:	Stratégies pour un nouveau développement en Afrique, Ed. Economica, Paris, 1990.
16.	**BERNA M. and TORR J.D.**	:	Developping Nations, Greenhaven press, New York, 2003.

17.	BERTHOMET J. et MERCOIRET J.	:	Méthode de planification locale pour les organizations paysannes d'Afrique sahélienne, Ed. L'Harmattan, Paris, 1993.
18.	BILLY J.	:	La politique économique, PUF, Paris, 1961.
19.	BOUGUERRA M.L.	:	La pollution Invisible, PUF, Paris, 1997.
20.	BONAMI M. et al.	:	Management des systèmes complexes, De Boeck Université, Bruxelles, 1993.
21.	BOUDEVILLE J.R.	:	Aménagement du territoire et planification, Genin, Paris, 1972.
22.	BUAKASA T.K.M	:	L'impensé du discours « Kindoki et Nkisi » au pays Kongo du Zaïre, CERA, Kinshasa, 1980.
23.	CALORIE R. et al.	:	L'action stratégique: Le management transformateur, Ed.Organisation, Paris, 1989.
24.	CEC	:	Le processus de démocratisation au Congo. Obstacles majeurs et voies de solutions, Ed. Sécretariat Général de l'Episcopat, Kinshasa, 1996.
25.	CETRI	:	Alternative Sud, Quel développement durable pour le Sud, Vol.IV, Centre Tricontinental, Louvain-la-Neuve, Belgique, L'Harmatan, Paris, 1995.
26.	CETRI	:	L'avenir du développement, Centre tricontinental, Louvain-la-Neuve, Belgique, L'harmatan, Paris, 1997.
27.	COHEN D.S.	:	The heart of change. Field grade. Tools and tactics for leading change in your organization, Harvard Business School press, Boston/Massachusset, 2005,
28.	CONDE J.R.	:	Pré-projet pour la relance des activités agricoles et zootechniques dans la vallée de la Luala, FAO, Kinshasa, 1967.
29.	COOK A.	:	American Accent Training, Ed.Barron's Educational Series, NY, 1989.
30.	CLASON G.S.	:	The richestman in Babylon. The success secrets of the Ancients. Ed. Aplumebokk, New york, 2005.
31.	DAISAKU I.	:	Cri d'alarme pour le XXI° Siècle, PUF, Paris, 1986.
32.	DASMAN R.F.	:	Préservons les ressources de la nature, Ed. Nouveaux horizons, Paris, Paris, 1968.
33.	DE DECKER H.	:	Le développement communautaire. Une stratégie d'édification de la nation, Mouton, Paris, 1967.
34.	DE CLERCK M.	:	L'éducateur et le villageois. De l'éducation de base à l'alphabétisation fonctionnelle, l'Harmattan, Paris, 1984.
35.	DE WOOT P. et al	:	La conduite des groupes industriels: Gestion stratégique et performance économique, CPDE, Louvain, 1983.
36.	DIANZUNGU S.B.	:	Endiguer la désertification, édition CVA, Kinshasa, 1991.
37.	DONELLA M., JORGENS R., MEADOWS D.	:	Limits to growth, Chelsea Green Publishing, USA, 2004.

38.	DRACHOUSSOFF V.	:	Essai sur l'agriculture indigène au Bas-Congo, Ministère des Colonies, B.A.C.B., Bruxelles, 1947.
39.	DRACHOUSSOFF V., FOCAM A.; HECQ J.	:	Développement Rural en Afrique Centrale 1910-1960/1962, Synthèse et Réflexion, Fondation Roi-Baudouin; Tome I-II, Bruxelles/Belgique, 1992.
40.	DUBOIS P. et al	:	La croissance française, Seuil, Paris, 1972.
	DUPUY J.P.	:	Rationalité sociale des politiques de santé, communication au Congrès de Tokyo de l'AISE sur l'économie de la santé et des soins médicaux dans les pays développés, 1974.
41.	DUPRIEZ L.H.	:	Le progrès économique, IRES, Louvain, 1955.
42.	DUVIGNEAUD P.	:	Les savanes du Bas-Congo, essai de phytosociologie topographique, Liège, 1949.
43.	ECKHOLM E.P.	:	La terre sans arbres, Ed. Robert Laffont, Paris, 1977.
44.	EDEN KODJO	:	Et demain l'Afrique, Stock, Paris, 1985.
45.	EDWENE G.	:	Four spiritual laws of prosperity, Ed. Rodale, USA, 2005.
46.	ERVIN L. et SEIDEL P.	:	Global Survival, Selectbooks inc, New York, 2006.
47.	F. de LAVERGNE	:	Economie politiques des Equipements collectifs, Economica, Paris, 1979.
48.	FARMER D.J.	:	To kill the king. Post-traditional governance and bureaucracy, Ed. M.E. Sharpe, New york, 2005.
49.	FAHEM A. KADER	:	Atlas du Bas-Congo, B.E.A.U., Dépt. TPAT, 1983.
50.	FAO	:	L'approche du développement par les systèmes d'exploitation et les technologies adaptées, FAO, Rome, 1998.
51.	FAURE E.	:	Apprendre à être, Unesco, Fayard, Paris, 1972.
52.	FOCAL COOP	:	Recherche, Vulgarisation et Développement en Afrique Noire, Karthala, 1987.
53.	FREUD C.	:	Quelle Coopération ? Karthala, Paris, 1988.
54.	FURTADO C.	:	Le mythe du développement économique et le futur du Tiers-monde, PUF, Paris, 1970.
55.	FURTADO C.	:	Théorie du développement économique, PUF, Paris, 1970.
56.	GEOFFREY M.B.	:	Getting things done when you are not in charge, Ed. Berret-Koehler, San-Francisco, 1992.
57.	GREFFE X.	:	Introduction dans Science Economique et Développement endogène, Unesco, 1986.
58.	GWARTNEY J. and all	:	Common sense economics, Ed. St Martin's press, New York, 2005.
59.	HAGEN E.E.	:	Economie du développement, Economica, Paris, 1982.
60.	HARTFORD T.	:	The undercover economist, Ed. Random House Trade paperbooks, New York, 2007.
61.	HELMUT M.	:	Science, Mind and the Universe. An introduction to Natural Philosophy, Ed.Wichmann-Heidelberg, 1995.

62.	HEILBRONEL R. et THROW L.	:	Economics Explained, Ed. Touchstone, New york, 1998.
63.	HERMAN E. D.	:	Beyond Growth, Beacon press, Boston, 1996.
64.	HIRSCHMAN O.	:	La stratégie du développement économique, Ed.Ouvrières, Paris, 1965.
65.	HUNTER L.	:	Are the rich necessary? Great economics arguments and how they reflect our personal values, Axios press, New York, 2007.
66.	HUNTINGTON S.P.	:	The clash of civilizations and the remaking of world order, Ed. Touchtone Boob, New York, 1997.
67.	HUYNH C.T.	:	Participer au développement, UNESCO, Paris, 1984.
68.	ICKE D.	:	Tales from time loop, Ed. Bridge of Love, MI/USA, 2003.
69.	ILLICH I.	:	Energie et Equité, Seuil, Paris, 1974.
70.	IRAIDA A.	:	"The contribution of United Nations system to formulating development concepts", dans Different theories and practices of development, Paris, Unesco, 1982.
71.	JACQUEMOT P.	:	Economie et sociologie du Tiers-Monde, L'Harmattan, Paris, 1981.
72.	JAMES P.	:	Culture and Cognition: Rules, Maps and Plans, Chandler Publishing Company, London, 1972,.
73.	JEAN PAUL II	:	Lettre encyclique Sollicitudo rei socialis sur la doctrine sociale de l'église, Ed.Saint Paul, Kinshasa, 1988.
74.	JEAN PAUL II	:	Lettre encyclique "populorum progresso", Ed.Médiaspaul, Kinshasa, 1997.
75.	KABALA MATUKA	:	Aspects de la conservation de la nature au Zaïre, Edition Lokole, Kinshasa, 1976.
76.	KABALA MATUKA	:	Protection des Ecosystèmes et Développement des Sociétés, L'harmattan, Paris, 1994.
77.	KABATU SUILA B.	:	Comment va l'Afrique ? Quelles conditions un pays doit-il remplir pour son développement, Ed. Les ateliers du pays, Jodoigne, Belgique, T.I, 1992.
78.	KAMENETZ A.	:	General Debt. Why now is a terrible time to be young ; Ed. Riverhead books, New York, 2006.
79.	KARL M.	:	Le capital, Ed.Sociales, Livre II, Paris, 1960.
80.	KARL M.	:	Fondements de la critique de l'économie politique, Ed.sociales, T.II, Paris, 1960.
81.	KAYEMBE S.N.	:	Le défi de l'ethno-démocratie, ethnie, tribalisme et démocratisation au Congo, Ed. L'observatoire, Kinshasa, 2000.
82.	KENNEDY D.	:	State of the planet 2006-2007, Ed. Slandpress, Washington, 2006.
83.	KIMPIANGA M.	:	Repenser le commerce au Manianga, CVA, Kinshasa, 1990.

84.	KI-ZERBO J.	:	Compagnons du soleil. Anthologie des grands textes de l'humanité sur les rapports entre l'homme et la nature, Ed. La découverte/Unesco/FPH, Paris, 1992.
85.	KOTSCHI J. et al	:	Agriculture écologique et développement agricole, CTA/GTZ, RFA, 1990.
86.	KYNGE J.	:	China shakes the world. A titan's rise and troubled future and the challenge for America, Ed. Houghton Mifflin Co, New York, 2006.
87.	LACROIX J.L.	:	Industrialisation au Congo. La transformation des structures économiques, Ed. Mouton/IRES, Paris, 1968.
88.	LARRY B. and RAM C.	:	Execution. The discipline of getting things done, Crown business, New York, 2002.
89.	LEBRET L.J.	:	Dynamique concrète du développement, éd.ouvrières, Paris, 1961.
90.	LECOMTE M.	:	Plan détaillé d'étude régionale de développement agricole, BEI, AGRER et OCDE, Bruxelles, 1968.
91.	LEWIS W.A.	:	La théorie de la croissance économique, Payot, Paris, 1971.
92.	LOKA NE K.	:	Fondements politique, économique et culturel de l'intégration nationale, dans Fédéralisme, ethnicité et intégration nationale au Congo/Zaïre, IFEP, Kinshasa, 1997.
93.	LOJKINE J.	:	Contribution à une théorie marxiste de l'urbanisation capitaliste, Maspéro, Paris, 1978.
94.	LOTT J.R., jr	:	Freedomnomics. Why the free market works and other half-baked theories don't ; Regnery publishing Inc. ; Washington DC, 2007.
95.	MCKIBBEN B.	:	Deep Economy. The wealth of communities and the durable future. Ed. Times Book, New york, 2007.
96.	MABIALA MUNTABA N.	:	Fédéralisme, Ethnicité et Intégration nationale au Congo/Zaïre, IFEP, Kinshasa, 1997:
97.	MAFWILA M.	:	Les neuf questions d'éthique agricole, Editions Academic Express Press, Kinshasa, 2006.
98.	MAHARISHI MAHESH YOGI	:	Creating an ideal society. Rheinweiler, West Germany, MERU Press, 1977.
99.	MAHARISHI MAHESH YOGI	:	Life supported by natural law, Age of Enlightenment Press, Washington DC, 1986.
100.	MALASSIS L.	:	Agriculture et Processus de développement, Unesco, Paris, 1973.
101.	MALDAGUE M.	:	Etapes du développement technologique et évolution de la société, dans Problématique de la crise de l'environnement, 3°édition, Université Laval/Canada, 1980
102.	MALDAGUE M.	:	Gestion de l'Environnement Tropical, Vol.I, Université de Laval, Canada, 1988.
103.	MANGUELE E.D.	:	L'Afrique a-t-elle besoin d'un réajustement culturel, Ed. Nouvelles du sud, Paris, 1991.

104.	MARYSSE S. et DE HERDT T.	:	L'économie informelle au Zaïre, L'Harmattan, Paris, 1996.
105.	MALINVAUD E.	:	Théorie macroéconomique, Dunod, Paris, 1981.
106.	MASSOUD Z.	:	Terre vivante, Ed.Odile Jacob, Paris, 1992.
107.	MAZINGA M.	:	Economie sociale du marché. Expérience allemande et perspectives zaïroises, Bibliothèque du scribe, Kinshasa, 1992.
108.	MBOKOLO E., ANSELME J.L,	:	Au Coeur de l'ethnie. Ethnie, tribalisme et etat en Afrique, Ed. La découverte, Paris, 2005.
109.	MBAYA M.R.	:	Le développement endogène au Congo: Conception de la majorité silencieuse, FCK, Kinshasa, 1997.
110.	METTRICK H.	:	Recherche agricole orientée vers le développement, ICRA, Pays-Bas, 1994.
111.	MEZINOV J.D.	:	Développement communautaire, Un renfort pour la vulgarisation agricole, USAID, CRET, Paris, 1962.
112.	MICHAEL J. M.	:	Rational exuberance. Silencing the enemies of growth and why the future is better than you think; HarperBusiness, New York, 2004.
113.	MICKLETHWAIT J. et WOOLDRIDGE A.	:	A future perfect. The challenge and hidden promise of globalization, Ed. Crown business, New York, 2000.
114	MILTON F.	:	Capitalism and freedom, Ed.The university of Chicago press, Chicago, 2002.
115.	MINISTERE DE l'AGRICULTURE	:	Enquête sur les sous-localités du Bas-Zaïre 1975, Tome II, Direction des études et politique agricole, Division de la Statistique agricole, Kinshasa, Janvier 1978.
116.	MINISTERE DE L'AGRICULTURE	:	Monographie de la province du Bas-Congo, Kinshasa, 1998.
117.	MINISTERE DES COLONIES	:	Aperçu sur l'économie agricole de la province de Léopoldville, Ministère des colonies, Bruxelles, 1955.
118.	MONOD TH.	:	Qui règnera demain?, La quantité ou la qualité"?, dans Comptes rendus du premier colloque international sur l'environnement, Unesco, septembre 1979, cahier n°1, Paris, 1980.
119.	MOSTAFA K.T.	:	Développer sans détruire, Pour un environnement vécu, ENDA, Dakar, 1984.
120.	MOYAUX M.R	:	Lutte anti-savane et reboisement villageois, INEAC-FAO, Bruxelles,1965.
121.	MUCHNICK J.		Alternatives pour la transformation du maïs, ENSIA/ GRET, Ministère de la coopération française, Paris, 1980.
122.	MUHAMMAD Y.	:	Banker to the poor. Micro-lending and the battle against world poverty, PublicAffairs, New York, 2003.
123.	MYINT H.	:	Les politiques de développement, Ed.Ouvrières, Paris, 1966.
124.	MYRDAL G.	:	Rich lands and poor, Harper, New York, 1957.

125. NGOMA NGAMBU : Initiation dans les sociétés traditionnelles africaines (Le cas Kongo), PUZ, Kinshasa, 1981.

126. NICOLAI H. : Luozi, Géographie régionale d'un pays Bas-Congo, ARSOM, Bruxelles, 1961.

127. NOREENA H. : Global Capitalism and the death of democracy. The silent takeover, Harperbusiness, New York, 2003

128. NORRO M. : Le rôle du temps dans l'intégration économique, Ed. Nauwelaerts, Louvain, 1962.

129. NORRO M. Economie Africaine. Analyse économique de l'Afrique subsaharienne, Ed. Universitaires, De Boeck, Bruxelles, 1994.

130. NYE Ph. et al : The soil under shifting cultivation, ENDA, Dakar, Cah.Techn., Bulletin n°51, 1965.

131. NYEME TESE J.A. : Le chrétien et le développement de la nation : Autour de l'exhortation pastorale des évêques du Zaïre, Ed. Sécretariat Général de l'épiscopat, Collection Afrique et Développement 2, FCK, Kinshasa, 1994.

132. NZANDA BUANA K. : Economie zaïroise de demain: Pas de navigation à vue, éd.Prosdé, Kinshasa, 1995.

133. O'CONNOR J. : Les fonctions contemporaines de l'Etat in Xavier Greffe, Economie publique, Economica, Paris, 1975.

134. ORMEROD P. : Why most things fail ? Evolution, Extinction and Economics ; Wiley&sons, New York, 2005.

135. O'ROURKE P.J. : The wealth of nations, Grove press, New york, 2006.

136. PAUWELS L. : Nzayilu N'ti, Guide des arbres et arbustes de la région de Kinshasa/Brazzaville, Meise, Ministère de l'agriculture, jardin botanique national de Belgique, 1993.

137. PERROUX F. et al : Recherche et Activité économique, Armand Colin, Paris, 1969

138. PISANI E. : Pour l'Afrique, Ed. Odile Jacob, Paris, 1988.

139. PNUD : Guide pour la mise en oeuvre de l'approche-programme, Pnud, New York, 1989.

140. PNUD : Rapport mondial du développement humain, Ed.Economica, Paris, 1991.

141. PNUD : Rapport mondial du développement humain, Ed.Economica, Paris, 1992.

142. PNUD : Enquête Nationale sur la situation des enfants et des femmes au Zaïre en 1995, ENSEF-ZAIRE 95, PNUD-UNICEF-OMS, Rapport final, Kinshasa, Février 1996.

143. PRADES J. A. : L'éthique de l'environnement et du développement, Collection Que sais-je?, PUF, Paris, 1995.

144.	PRADERVAND P.	:	Une Afrique en marche, La révolution silencieuse des paysans africains, Plon, Paris, 1989.
145.	ROMANIUK A.	:	La fécondité des populations congolaises, Mouton, Paris, 1966.
146.	RONDO C.	:	A concise economic history of the world. From the paleolithic times to the present, Ed.Oxford Press University, Oxford, 1993.
147.	ROSTOW W.W.	:	Les étapes de la croissance économique, Seuil, Paris,1963.
148.	RUYTINX J.	:	La morale bantoue et le problème de l'éducation morale au Congo, ULB, Belgique, 1960.
149.	SACHS J.D.	:	The end of poverty, Ed. The penguin press, New York, 2005.
150.	SCHULTZ T.W.	:	Il n'est de richesse que d'hommes, Payot, Paris, 1983.
151.	SEGERS J.	:	Des animateurs pour construire le pays, INADES, Kinshasa, 1965.
152.	SEGHERS J.	:	Les conditions du progrès humain, CEPAS, Kinshasa, 1996.
153.	SHAPIRO T.M.	:	The hidden cost of being african american. How wealth perpetuates inequality, Ed. Oxford Press university, New York, 2004.
154.	SHOMBA K.S.	:	Méthodologie de la recherche scientifique, PUK, Kinshasa, 2002.
155.	STEPHEN C. S.	:	Ending Global Poverty, Palgrave Macmillan, New York, 2005.
156.	STEPHEN E.	:	L'Afrique maintenant, Karthala, Paris,1995.
157.	STEPHEN L.I.	:	Politique de population, Columbia University, Columbia, USA, 1991.
158.	STEVEN D. L. et STEPHEN J.D.	:	Freakonomics. A rogue economist express the hidden sick of everything, Harper Collins, New York, 2005.
159.	STEVEN E. L.	:	More sex is safer sex. The unconventional wisdom of economics, Free press, Newy York, 2007.
160.	SUDHIR A. VENKATESH A.	:	Off the books. The underground economy of the urban poor, Harvard University Press, Massachussetts, 2006.
161.	TEVOEDORE A.	:	La pauvreté, richesse des peuples, L'harmattan, Paris, 1978.
162.	TOLLENSE.,GOOSSENS F., MINTEN B.	:	Nourrir Kinshasa, L'Harmattan, Paris, 1994.
163.	UNESCO	:	Compte-rendu sur la conférence sur l'éducation relative à l'environnement, Tbilissi du 14-26 octobre 1977, UNESCO, Paris, 1978.
164.	UNESCO	:	Participer au développement, Unesco, Paris, 1988.
165.	VAN PARYS J.M.	:	Petite introduction à l'éthique, Ed. Loyola, Kinshasa, 1993.

166.	VANSINA J.	:	Introduction à l'ethnographie du Congo, Ed.Universitaires du Congo, CRISP, Kinshasa/ Bruxelles, 1966.
167.	VAN WING J.	:	Etudes Bakongo, Sociologie-religion et magie, 2°éd. Destlée De Brouwer, Bruxelles, 1959.
168.	VILLENEUVE C.	:	Qui a peur de l'an 2000 ? Guide d'éducation relative à l'environnement pour le développement durable, Unesco/Multimondes, Canada, 1998.
169.	WADE L.	:	The ten commandments, Ed. Gerald Wheeler, USA, 2006.
170.	WARSH D.	:	Knowledge and the wealth of nations. A story of economic discovery, Ed. W.W.Norton & Co, New York, 2006.
171.	WICKHAM S.	:	Economie des transports, Sirey, Paris, 1969.
172.	WOLFENSOHN J.D.	:	Les défis de la mondialisation. Le rôle de la banque Mondiale, Banque Mondiale, Washington DC, 2001.

REVUES ET COLLECTIONS

1.	ARROW K.J.	:	Uncertainty and the Economics of medical care, American Economic Review, Vol. 53, N°5, Décembre 1963, AEA, USA, pp.941-973,
2.	CHEVALIER A.	:	Points de vue nouveaux sur les sols d'Afrique tropicale, BACB, Vol.XL, n°3-4, Sept-Déc.1949, Bruxelles, pp.1989-1998.
3.	COTTEREAU A.	:	Les débuts de la planification urbaine à Paris, Sociologie du travail, n°4, 1970, Paris, pp.373-374.
4.	DELHAYE R.E.	:	Comment aménager et améliorer les pâturages au Bas-Congo (Région de Mvuazi), BACB, Vol.VIII, n°1, Février 1959, Bruxelles, pp.35-49.
5.	DI CASTRI F.	:	Après Rio le déluge ?, Ecodécision, n°19, 1996, Paris, pp.24-28.
6.	DI CASTRI F.	:	Maintenir le cap entre la mondialisation et diversité, Ecodécision, n°21, 1996, Paris, pp.17-22.
8.	DRACHOUSSOFF V.	:	L'évolution de l'agriculture dans le territoire de Thysville (Mbanza-Ngungu), BACB, Vol.VI, n°5-6, 1954, Bruxelles, pp.421-688.
9.	DRACHOUSSOFF V.	:	Economie rurale et Problèmes humains de développement, cahiers de l'ISEA, 1965, pp.432-602.
10.	DUBOIS J.	:	Semis forestiers sur buttes incinérées. Leur importance dans les travaux de reboisement des savanes du Bas-Congo, BACB, Bull.Inf. INEAC, Vol. VI, n°I, Février 1957, Bruxelles, pp.21-30.
10a.	FED/FCK	:	Vivre et survivre à Kinshasa. Problématique du développement humain, Collection Afrique et Développement, FCK, Kinshasa, 2004, p.8, 321p.

11.	GEORTAY G.	:	Organisation de l'agriculture dans les paysannats, BACB, Bull.Inf., INEAC, Vol.X, n°I, 1957, Bruxelles, pp.219-236.
12.	GUTU KIA ZIMI	:	Arboriculture urbaine au Zaïre, dans « Des Hommes et des Forêts », ENDA, Vol. IX, 1-2-3-4, n°33-34-35-36, Dakar, pp. 221-247.
13.	GUTU KIA ZIMI	:	La paix et le développement au Congo et en Afrique Centrale, dans « Le défis de la nouvelle République Démocratique du Congo, Collection Afrique et Développement 14, FCK, Kinshasa, 2003, pp.123-133.
14	HOMES V. M.	:	L'utilisation des engrais au Congo Belge, Bull,Inf, vol.I, n°1-2, juin 1952, pp.17-20.
15.	JOHNSON P.M.	:	Un engagement de Rio respecté, la convention sur la lutte contre la désertification", dans Ecodécision, n°24, 1997, pp.679-684.
16.	KEYFITZ N.	:	Croissance démographique: Qui peut en évaluer les limites?", dans La Recherche, Vol.25, n° 264, 1994, pp.430-435.
17.	LERUTH A.	:	Régime foncier coutumier indigène, BACB, Bruxelles, Vol.XLVII, n°3, juin 1955, pp.533-542.
18.	MAMADOU DIA	:	Développement et valeurs culturelles en Afrique Subsaharienne, dans Finances et Développement, FMI, Washington DC, Décembre 1991, pp.22-31.
19.	MBUEBWA KALALA J.P.	:	Les conflits armés en Afrique : Fil conducteur, mécanismes et influences des ethnies, dans « Résolution des conflits armés et développement en Afrique », Collection Afrique et développement 18, FCK, Kinshasa, 2003, pp.17-30.
20.	MBUEBWA KALALA J.P.	:	Le découpage territorial et l'entrée en activité de nouvelles provinces, dans « Les défis politico-administratifs, sécuritaires, juridiques et institutionnels de gestion de la troisième république », Collection Afrique et développement 23, FCK, Kinshasa, 2006, pp.13-18.
21.	MINISTERE DES COLONIES	:	L'évolution de l'agriculture indigène dans la zone de Léopoldville, BACB, Vol.XLV, n°5, Octobre 1954, Bruxelles, pp.327-339.
22.	MINISTERE DES COLONIES	:	Etude économique du Bas-Congo, Extrait du bulletin mensuel des statistiques générales du Congo Belge et du Rwanda-Urundi, Vol.1, N°2, 1960, Bruxelles, pp.81-135.
23.	MVUMBI N.T.	:	Morale, coopérative de développement, dans Philosophie sociale et développement coopératif. Actes du 2° séminaire scientifique régional de Mbanza-Ngungu, du 20-23 Juillet 1987, FCK, Kinshasa, 1989, pp.141-144.

24.	NDONGALA T.L.E.	:	Mutations structurelles de l'économie traditionnelle dans le Bas-Congo sous l'impact de la colonisation et de la décolonisation, IRES, Vol.4, n°1, Kinshasa, 1966, pp.3-32.
25.	NDONGALA T.L.E.	:	"Quelques traits d'organisation économique Kongo au seuil de la colonisation belge, IRES, Vol.18, n°3-4, Kinshasa, 1980, pp.375-393.
26.	NGIMBI N.	:	Le messianisme Kongo comme mouvement de résistance aux méthodes d'évangélisation missionnaire, dans Sectes, Cultures et Sociétés, CERA, FCK, Kinshasa, 1994, pp.147-153.
27.	OLESEGUN A.	:	Quelques questions et problèmes sur l'étude des jachères de savanes, ENDA, Vol.IV, n°13, Dakar, 1980, pp.51-58.
28.	RENARD P. J.	:	Quelques considérations sur la régénération des sols de savane, B.A.C.B, XXX, n°3, Bruxelles,1947, pp.324-375.
29.	ROBYNS W.	:	Plantes congolaises pour engrais verts et pour couverture, BACB, Vol.XIX, Bruxelles, Décembre 1928, n°4, pp.67-83.
30.	SACHS IGNACY	:	Transition strategies for the 21st century, in Nature and Resources, vol.28 n°3, Paris, 1992, pp.447-472.
31.	STEER A.	:	Environnement et Développement, dans Finances et Développement, FMI, Washington DC, Juin 1992, pp.18-24.
32.	TABUTIN D.	:	"Démographie, quel problème?", dans revue Ecodécision, n°16, Paris, 1995, pp.22-26

RAPPORTS ET DOCUMENTS INEDITS

1.	ANONYME	:	Rapport Annuel d'activités Territoire de Mbanza-Ngungu 2006.
2.	ANONYME	:	Le fédéralisme : Forme d'Etat appropriée à la RDC. Déclaration des professeurs Kongo, document inédit remis au Chef de l'Etat le 7 avril 2005.
3.	A.I.D.R	:	Projet de développement rural en Territoire de Thysville (Mbanza-Ngungu), document inédit, 1968.
4.	AGRER	:	Projet de relance agricole, République du Congo, FED, Bruxelles, document inédit, 1962.
5.	AGRER	:	Une expérience de développement rural accéléré en région tropicale, Bruxelles, document inédit, 1963.
6.	AGRER	:	La mission de relance agricole au Kongo central, 1963-1967, Bruxelles, Document inédit, 1967.
7.	AGRER	:	Développement de l'élevage en région des Cataractes, Bas-Congo, Kinshasa, 1967.

8.	BEAU	:	Schéma régional d'aménagement du Bas-Congo, Département des Travaux Publics et Aménagements du Territoire (DTPAT), Kinshasa, Document inédit, 1987.
9.	CEDECO /CRAFOD	:	Rapport d'activité sur l'année 1967 du centre de développement communautaire, Kimpese, document inédit, 1968.
10.	CODENCO-SOCINCO	:	Prospection systématique des sols à l'Ouest de la rivière Kwango, FED, Bruxelles, document inédit, 1964.
11.	GUTU KIA ZIMI	:	Végétation arbustive dans les parcelles résidentielles du Quartier assossa, Zone urbaine de Kasa-Vubu. Mémoire Diplôme spécial en Gestion de l'environnement, Faculté des sciences, Université de Kinshasa, document inédit, 1990.
13.	GUTU KIA ZIMI	:	Politiques et Programmes de développement dans la zone rurale de Mbanza-Ngungu, Province du bas-Congo. Mémoire Diplôme d'études supérieures en sciences et techniques de développement, Université Catholique du Congo, Kinshasa, document inédit, 1999.
14.	INS	:	Aperçu démographique, INS, Kinshasa, 1991.
15.	INS	:	Projections Démographiques, Zaïre et Régions, 1984-2000, INS, Kinshasa, 1993.
16.	INS	:	Rapport National sur la population. Ministère du Plan, Kinshasa, Septembre 1993.
17.	KABONGO MUKINAYI	:	Attitudes des paysans congolais face à l'introduction des techniques modernes en Pisciculture familiale (Cas de la vallée de la Funa à Kinshasa), Mémoire Diplôme Spécial Gestion de l'Environnement, Unikin, Faculté des Sciences, 1984.
18.	KANKWENDA MBAYA	:	Industrialisation et régionalisation du Développement au Zaïre, Thèse de Doctorat en économie, Faculté des Sciences Economiques, UNIKIN, Kinshasa, 1983.
19.	LANDU J.	:	Le pays Karstique dans la région de Mbanza-Ngungu et de Lovo, Mémoire de graduat en Géographie, ISP/GOMBE, 1976-1977.
20.	MAKUNTUALA N.D.	:	La problématique de développement agricole dans la vallée de la Luala/Nkundi, Mémoire DS/STD, FCK, 1996.
21.	MALELE MBALA	:	Contribution à la remise en valeur des terres dégradées de la zone périurbaine de Kinshasa par un système agro-forestier, Mémoire de maîtrise en foresterie, Université de Laval, Canada, Mars 1991.
22.	NELIS M.	:	Réflexions sur l'assistance technique et le développement rural accéléré, document inédit, Kinshasa, 1967.

| 23. | NELIS M. | : | Le milieu rural, la vulgarisation agricole et la technique, Kinshasa, document inédit, 1967. |
| 24. | SOCINCO | : | Etude des plateaux et vallées dans le territoire de Thysville (Mbanza-Ngungu), document inédit, Bruxelles, 1959. |

DICTIONNAIRES

1.	LAROUSSE	:	Encyclopédie Larousse, Larousse, Tome 7, Paris, 1984.
2.	LAROUSSE	:	Petit Larousse Illustré, Larousse, Paris, 1986.
3.	VALENTE M.	:	Dictionnaire Economie-Finance, Dalloz, Paris, 1993.
4.	TEZENAS du M.H.	:	Dictionnaire des sciences de la gestion, Ed. Massé, Paris, 1972.

INTERNET

1.	ISSAKA H.T.	:	Les alternatives africaines aux théories de développement des bailleurs de fonds, mercredi 29 août 2007, www.etrangerencontre.org
2.	NE MUANDA N.	:	Appel à la jeunesse africaine, www.bundudiakongo.org/appel.htm
3.	NE MUANDA N.	:	Réhabiliter les langues africaines, www.bundudiakongo.org/réhabiliter kikongo.htm
4.	NE MUANDA N.	:	www.ne-kongo.net/observateur/kongo-0309/mimvila.htm
5.	BORDERIE X.	:	http://developpeur.journaldunet.com/tutoriel/theo/060216-monades.htm
6.	TSHIAMBI A.	:	Mathias Nzanda Buana préconise l'adaptation des théories économiques aux réalités africaines, www.lepotentiel.com/afficher_article.php, édition 4185 du 23 novembre 2007.